编委会

主　　编　左　欣　丁云鹏　朱厚颖

副 主 编　王　楠　樊　华　崔　硕

编写人员　吴雨桐　赵小平　李　晨　李小虎　杜小山

王艳杰　赵健雪　卢　玲　秦　云

目录

第一篇　土地认知篇　/ 1

第一章　土壤认知与整理土地　/ 2

第二章　叶菜类蔬菜——种子认知与播种育苗　/ 22

第二篇　中耕管理篇　/ 43

第三章　中耕管理——间苗、定苗与除草　/ 44

第四章　中耕管理——搭建拱棚、制作蚯蚓塔　/ 62

第五章　果菜类蔬菜——定植、引蔓与疏花疏果　/ 82

第三篇　生态生产篇　/ 107

第六章　常见病虫害生态管理与生态堆肥　/ 108

第七章　农作物收获、分级与种子保存　/ 137

第四篇　农机互联网时代篇　/ 167

第八章　小型农机具的使用与物联网技术　/ 168

附录　/ 189

附录一　中小学劳动教育
——校内农耕实践基地建设指导　/ 190

附录二　中小学劳动教育
——农耕实践基地建设指导（试行）　/ 227

参考文献　/ 257

第一篇
土地认知篇

第一章　土壤认知与整理土地

01 课程引言

空气、土壤和阳光是农业耕种的重要条件，但是人们往往会忽略。希望通过本章的学习，人们能够认识到土壤的重要性，树立保护土壤资源的劳动意识。

02 课程介绍

健康的土壤是粮食安全生产的基础，在农业生产过程中，土壤的“地力”表现直接影响作物品质和产量，优质的土壤才能栽培出健康的作物。本课程介绍了土壤的相关知识，并让学生以自主实验的方式探究和发现土壤的成分、物理特性、酸碱性等，了解我们赖以生存的土壤，并关注土壤健康，树立可持续发展的劳动理念。在整地过程中，通过亲身体验，了解农耕工具的使用方法，并学习使用工具完成整地劳动，体会劳动的艰辛，收获劳动的快乐。

课程课时：3课时　　适用年级：小学五年级

03 课程目标

一、劳动观念

1.通过学习土壤相关知识及实验，树立尊重劳动、热爱劳动、创造性劳动的观念。

2.通过整地劳动，认识到劳动创造价值。

3.通过了解土壤的概念与土壤生态系统的内涵，关注土壤健康，认识到农业可持续发展的意义，树立尊重劳动、辛勤劳动的正确观念。

二、劳动能力

1.了解沙土、黏土、壤土的区别，学会测试土质的方法。

2.了解土壤酸碱度对植物生长的影响，会用多种方法判断土壤酸碱性。

3.认识平地耙、碌碡①等农耕工具及材料，掌握工具的使用方法。

4.掌握翻地、整地的技巧，能够按照相应作物的种植要求整理地块。

三、劳动精神

在整地实践的过程中，树立不怕脏、不怕累的精神。

四、劳动习惯与品质

1.在整地实践的过程中，遵守规范，按流程工作。

2.通过土壤探究实验，提升专注力。

3.劳动结束后，将工具及材料清洁归位，逐步养成工完场清的劳动习惯。

4.在劳动过程中能够相互配合、沟通协作。

5.每次劳动结束后，认真总结、反思，清晰、完整地填写学生手册。

① 碌碡，一种农具，用石头做成，圆柱形，用采轧谷物、平场地，也叫石磙。

04 劳动准备

一、场地准备

1.种植区域、水源。
2.有桌椅的室内空间。

二、经验准备

劳动纪律意识与安全意识的培养。

三、教具、工具和材料准备

活动内容	项目	物料名称
了解土壤	教具	沙土、黏土、壤土三种土壤样品
	工具	土样容器、酸碱度试纸、铁锹、记录本、烧杯、玻璃棒、酒精灯、试管夹、蒸发皿、石棉网
	损耗性材料	无
整地	教具	配合讲解的图片
	工具	锄头、铁锹、镰刀、草耙子、平地耙、耢地工具、碌碡（压地工具）
	损耗性材料	农家肥

05 教学实施

一、课程导入

农作物的生长过程受到多种因素的影响，其中土壤是非常重要的因素之一。土壤是由地表岩石经过千百万年的风化，在微生物的参与下逐步形成的，不同地区的土壤在酸碱性等方面存在较大差异。土壤的类型直接影响作物的生长、发育、产量及品质，土壤是农业的根本。

实施建议 可结合内容渗透传统耕种与无土栽培的区别，引导学生探究农耕的本源。

二、安全教育

1.使用实验设备时要注意安全。
2.搬运劳动工具时要注意安全。
3.使用劳动工具时，注意与同伴间的安全距离。
4.注意工具放置位置，防止被绊倒或发生磕碰。

三、农耕实践

主题一：了解土壤

•时间：1小时30分钟

•活动重点与难点：

[重点] 有关土壤的基础知识。

[难点] 测试不同土质的方法、判断土壤酸碱性的多种方法、土壤分析实验的操作方法。

•实践流程：

（一）了解土壤

1.土壤的概念　土壤是陆地表面具有一定肥力且能够生长植物的疏松层，是在地球表面生物、气候、母质、地形、时间等因素综合作用下形成的可供植物生长的一种复杂的生物地球化学物质。与形成土壤的岩石和沉积物相比，土壤具有独特的疏松多孔结构，是一个动态生态系统，可为植物生长提供机械支撑、水分、养分和空气条件。同时，土壤支持大部分微生物群体的活动，由此完成生命物质的循环，通过滤掉有毒的化学物质和病原生物体保护地下水的水质，并提供废弃物的循环场所，使其无害化。

组成土壤的基本物质主要有矿物质、有机质、水分、空气和土壤生物等。土壤的固相主要由土壤矿物和土壤有机质组成，而在它的空隙中，还存在着水、气及微生物等，所以，土壤是一个由固相、液相和气相组成的多孔多相分散体系。土壤之所以有许多重要的功能，就是因为它是多孔疏松体系。

就土壤而言，其本质属性是具有肥力。所谓肥力，是指土壤为植物生长供应和协调水、肥、气、热的能力。这4个因素通常简称水、肥、气、热，它们之间是相互联系、相互制约的，只有它们之间协调得好，才能为作物生长提供良好的条件，否则，作物生长就会受到不良影响。

实施建议 了解土壤肥力的决定因素是更好地完成耕种管理的前提。

2.土壤生态系统　土壤是一个独立的生态系统，这是因为：

（1）土壤存在特有的食物链。植物通过光合作用摄取和固定太阳能，并通过根部从土壤中吸取大量养分和水分。植物的枯枝落叶及动物残骸、排泄物富集在土壤表层，这些有机质残体成为土壤微生物、动物——分解者和消费者的食物，这些细小动物，又是某些捕食性小动物的食物。

这样，便形成了土壤的生态系统：动植物有机残体及植物根系—植食性小动物—捕食性小动物。

（2）土壤存在独特的物质循环和能量转化。土壤中的营养元素通过生物的吸收、分解和转化，形成了生物小循环。微生物和土壤动物在共同分解有机质的过程中，不断向环境中释放热能，同时，使有机质腐殖质化，储存在土壤中，长期供植物生长。也就是说，输入土壤的物质和能量，经过转移变化，一方面维持土壤本身的活动，另一方面又以输出的形式作用于外界环境，形成土壤的肥力特性。

3.优质土壤的特点　确保作物良好生长的优质土壤具有以下特点：

（1）酸碱性适中。自然界中多数植物在长期的演化过程中已经适应了酸碱性适中的土壤环境，而土壤过酸或过碱都会打破土壤养分供应、根系吸收和植物需要三者之间的平衡。比如，最适宜吸收磷元素的酸碱度（pH）环境是中性，在偏酸的土壤环境下，磷元素会和过量的铝元素反应，形成沉淀，使根系无法吸收；在偏碱的土壤环境下，土壤中的钙离子等则容易形成碳酸盐沉淀而失去有效性。

植物正常生长，还需要土壤中的根系共生菌协助进行矿物元素的分解运输和吸收，这些共生菌大部分对土壤酸碱性变化较为敏感，当植物根系共生微生物菌落的稳定性遭到破坏时，根系吸收能力就会降低。

（2）土壤结构良好。土壤结构影响土壤透气、透水与持水、保肥的能力。怎样才是好的土壤结构？“团粒结构”。土壤颗粒之间距离较小的土粒结合在一起形成小团聚体，小团聚体相互结合形成团粒结构。小团聚体能把内部和外来的养分束缚住，因此具有较好的保水保肥能力，但小团聚体透气透水能力较差；同时，这些小团聚体又相互结合在一起形成较大的团聚体，大团聚体内的小团聚体间距离较大，水分和气体能较为通畅地流动，即具有了较好的透水透气性。

小团聚体内部的特性和小团聚体之间的特性形成保水保肥和透气透水功能上的优势互补，使团粒结构具备了透水、透气和保水、保肥之间的协调与平衡，所以说团粒结构是能让植物健康生长的土壤结构形式。

（3）有机质丰富。有机质一方面可以改善土壤养分，为作物的生长提供营养物质，另一方面，有机质中的腐殖质还是土壤团聚体的主要黏合剂，从而改善土壤结构，增加土壤留肥和储水的能力。

同时，有机质还可以为过酸、过碱、含盐量过高的土壤提供有效的缓冲，降低其对作物造成的伤害。

4.重视土壤保护　农业是人类发展的物质基础，土壤是农业发展最重要的自然资源。随着人口的增加，人类对食物的需求量越来越大。随着城乡工业的不断发展壮大，"三废"污染越来越严重，并由城市不断向农村蔓延，加之化肥、农药、农膜等物质大量使用，土壤污染在所难免。当然，减少和防治土壤污染已成为当前人类面临的重要任务。

2018年8月31日，十三届全国人大常委会第五次会议全票通过了《中华人民共和国土壤污染防治法》，该法是由中华人民共和国生态环境部起草的重要法律，目的是制订和落实防治土壤污染的行动计划。它的宗旨就是保护和改善生态环境，防治土壤污染，保障公众健康，推动土壤资源永续利用，推进生态文明建设，促进经济社会可持续发展。希望大家都能树立起保护土壤的意识，为人类的可持续发展做出贡献。

实施建议　可结合相关内容渗透环保意识。

5.实施步骤

（1）了解土壤生态系统，绘制土壤生态系统图。

（2）判断土壤结构。

（3）土壤结构模拟实验。

（4）分析土壤成分。

（二）认识土壤质地

土壤之所以能生长植物，是由于它具有一种独特的性质——肥力。土壤肥力虽与土壤物质组成有联系，但主要受土壤性状的影响。

1.土壤质地分类　土壤是由大小不同的颗粒组成的，其组成比例称为土壤质地。按中国土壤质地分类（1978年），土壤质地可分为三大类：沙土、壤土、黏土（图1-1），三种土壤的对比见表1-1。

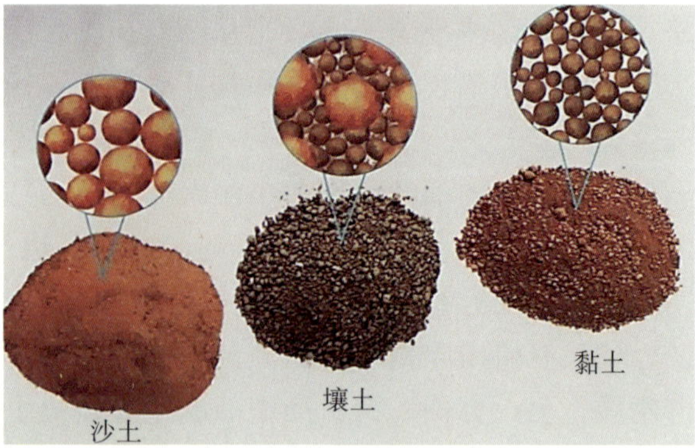

图1-1　土壤质地

表1-1　三种土壤对比

项目	沙土	壤土	黏土
成分	沙粒含量高	指土壤颗粒组成中黏粒、粉粒、沙粒含量适中的土壤	黏粒含量高
孔隙	大孔隙多	适中	大孔隙少而细孔隙多
通气性透水性	好	通气透水、保水保温性能都较好	差
保水保肥	化肥易于随水流失，有机质和养分积累困难，导致作物营养缺失	适中	保肥力强
耕作	易于耕作，但有机质分解快，前期肥力容易发挥	适中	有机质分解慢，前期肥力不易发挥
种植	宜种生育期短，耐贫瘠，要求土壤疏松，排水良好的作物，如薯类、花生、芝麻、西瓜、果树等作物	宜种各种作物	宜种生育期长、需肥量大的作物，如水稻、小麦、高粱、玉米等
改良方法	1.每年翻耕并掺入大量有机质，以帮助提高土壤保水、肥的能力 2.土壤表层增加覆盖物，如沙砾，有助于保持土壤水分		1.不断在土壤中加入有机质进行耕作，土壤结构最终会得到改善 2.可以在小范围抬高苗床，底层掺入园艺用沙砾，增强土壤的排水性

壤土是较理想的农业土壤。当然土壤并不如此泾渭分明，根据沙粒多少、黏性强弱有很多中间状态，比如沙壤土、黏壤土等。

2.测试土质　如何知道自己手里的土壤是沙土还是黏土呢？

（1）沙土。干时抓在手中，稍松开后即散落；湿时可捏成团，但一碰即散。

（2）沙壤土。干时手握成团，但极易散落；湿润时握成团后，用手小心拿不会散开。

（3）壤土。干时手握成团，用手小心拿不会散开；湿润时手握成团后，一般性触动不至散开。

（4）粉壤土。干时成块，但易弄碎；湿时成团或为塑性胶泥，用拇指与食指搓捻不成条，呈断裂状。

（5）黏壤土。湿土可用拇指与食指搓捻成条，但往往受不住自身重量。

（6）黏土。干时常为坚硬的土块，湿润时极可塑。通常有黏着性，手指间搓捻成长的可塑土条。

3.分析比较土壤的其他方法

（1）摸。感觉土壤颗粒大小及土壤的潮湿程度。

（2）看。观察土壤颗粒大小及土壤的颜色深浅。

（3）捻。感觉土壤颗粒的硬度及土壤的粗糙程度。

（4）握、搓。感觉土壤的黏性。

（5）嗅。闻土壤的气味。

（6）摇。听听干土壤发出的声音。

（7）涂抹。感觉土壤在纸上留下的痕迹。

实施建议 可结合实践强调认真观察、多方位实验分析的重要性。

4.判断土壤酸碱性 沙土、黏土、壤土是从土壤质地上分的，从化学角度讲，还有酸性土壤和碱性土壤之分。土壤具有酸碱性，主要是土壤中存在酸碱物质。比如在有机质转化过程中分解产生的有机酸，在岩石风化过程中化学变化产生的酸，施用酸性的肥料。碱的来源主要是土壤中碳酸钠、碳酸氢钠等盐类水解以及土壤胶体中含的代换性钠形成的强碱。

强酸性与强碱性土壤都不利于作物生长。不同的作物要求的土壤酸碱度不同。如茶、花生、马铃薯、西瓜等适宜弱酸性土壤（pH6以下），油菜、棉花、小麦等适应碱性土壤 。

5.土壤酸碱度测试 测试地块土壤酸碱度，需要选取不同位置的土壤，检测是否具有差异性。

（1）先刨去表土约10厘米的土层（含杂质太多）。

（2）选择不同的地块进行土样收集。

（3）挖一小坑后沿坑壁向下切20厘米深的泥土。

（4）把切下的泥土打碎，放入蒸馏水（或纯净水）中，溶解3分钟，将pH试纸条放入其中静置2秒，然后取出与比色卡对照。pH＞7为碱性土壤，pH＜7为酸性土壤，pH＝7，为中性土壤。

（5）测试液体的酸碱度，对比不同土样的酸碱度，并将测试结果分别记录下来。

6.分析土壤成分

（1）实验器材。土壤（略多一些，否则不容易观察到沉淀后的分层现象）、烧杯、玻璃棒、酒精灯、试管夹、蒸发皿、石棉网。

（2）实验过程。

①直接观察，搓一搓烧杯中的土壤，可以发现里面的枯枝烂叶和大粒的沙石。

②将土壤倒入装水的烧杯中，注意观察，发现有气泡冒出，说明土壤中有空气。

③用玻璃棒充分搅拌土壤，静置10分钟左右，观察发现，水面上漂浮着枯枝烂叶和植物的根等，下面沉下去的土壤分成两层。

④沉下去的土壤分成两层，上层是颜色较浅、颗粒细腻的黏质土，下层是颜色较深、颗粒较粗的沙质土（图1-2）。

⑤将土壤放在蒸发皿中，用酒精灯加热，发现有水汽冒出，并发出刺鼻的气味，说明土壤中有水和腐殖质。腐殖质是有机物经微生物分解转化形成的胶体物质，一般为黑色或暗棕色，是土壤有机质的主要成分。

图1-2　土壤分层现象

⑥用滴管吸取上层清液，滴在玻璃片上，用试管夹夹住，在酒精灯上加热，水蒸发完后会留下一些白色固体物质，说明土壤中含有能溶于水的物质，如盐类。

（3）实验结论。土壤中含有水分、空气、枯枝烂叶、沙石、腐殖质、盐类等。

实施建议 可结合内容，强调把握关键要素，科学正确地判断土壤酸碱性。

7.操作练习

（1）先直观观察土壤。

（2）尝试测土壤酸碱度。

（3）做土壤成分分析。

8.重点难点解析

（1）观察土壤需在不同位置取土样，进行对比观察。

（2）测试土壤酸碱度与测试土壤成分实验要严格按照步骤进行，培养做实验的严谨性。

（三）测试土壤

1.实践安排　约3人一组，先取土测试酸碱度，再做土壤成分分析实验，其中1人做实验记录员，1人主操作，1人辅助操作。

实施建议 可以结合内容强调劳动习惯——操作严谨规范、工具使用正确安全。

2.常见问题及纠正

（1）取土不合理。注意取土符合要求。

（2）酒精灯使用不规范。在使用酒精灯的过程中，要防止倾倒，注意防火、防烫伤。

3.习惯养成

（1）完成工作，清洁用具。

（2）整理场地，交还用具。

（3）积极参与，相互配合。

实施建议 可结合内容渗透注意在劳动中总结劳动经验。

主题二：整　地

•**活动时间：** 1小时30分钟

•**活动重点与难点：**

［重点］整地的步骤与方法。

［难点］整地效果达到平整疏松。

• 实操流程：

（一）整地的概念与目的

1. 整地的概念　整地是作物播种或移栽前进行的一系列土壤耕作措施的总称，整地的主要作业包括浅耕灭茬、翻耕、深松耕、耙地、耢地、镇压、平地、耖田、起垄、作畦等。整地的具体目的为：

（1）改善土壤结构。使土壤适度松碎，创造良好的土壤耕层构造和表面状态，形成良好的团粒结构，协调水分、养分、空气、热量等因素，为播种和作物生长、田间管理提供良好条件。

（2）消灭杂草和害虫。将杂草覆盖于土中，或使蛰居害虫暴露于土壤表面而死亡。

（3）将作物残茬以及肥料、农药等混合在土壤内以增加其效用。

（4）将地表弄平或做成某种形状，如开沟、作畦、起垄、筑埂等，以利于种植、灌溉、排水或减少土壤侵蚀。

（5）改良土壤。将质地不同的土壤彼此易位，例如将含盐碱较重的上层移到下层，或使上、中、下三层中的一层或二层易位以改良土质。

（6）清除田间的石块、灌木根或其他杂物，创造良好的土壤耕层构造和表面状态，提高土壤肥力。

实施建议　可结合内容学习科学劳动、创造性劳动的重要性。

2. 实施步骤　去除杂草与石子→施底肥→翻地→耙地、平地。

（二）整地流程

1. 整地的方法与流程

（1）翻耕。翻耕是翻转耕层和疏松土壤，并翻埋肥料和残茬、杂草等的作业，是整地作业的中心环节（图1-3）。

图1-3　翻　耕

根据种植作物品种和土地状态，翻耕可以浅翻或深翻。

（2）耙地。耙地是翻耕后用各种耙平整土地的作业。用钉齿耙等进行耙地具有破碎土块、疏松表土、保水、提高地温、平整地面、掩埋肥料和根茬、灭草等作用（图1-4、图1-5）。

图1-4　机器耙地

图1-5　人工耙地耙子

（3）耢地。耢地是中国北方旱区在耙地后或同时进行的作业，多用柳条、荆条、木框等制成耢（耱）拖擦地面，形成干土覆盖层，以起到减少土壤表面蒸发、平地、碎土、轻度镇压等作用。现在都是机器翻耕，在翻耕的同时已经将土打碎了（图1-6、图1-7）。

图1-6　人工耢地

图1-7　机械耢地

（4）镇压。镇压是在翻耕、耙地之后，用镇压器的重力作用适当压实土壤表层的作业（图1-8）。

（5）平地。平地是用平土器进行平整土地表面的作业。平整地面利于播种和田间管理，对灌溉地区更为重要。用机引或马拉平地器，结合耙地、耢地、镇压等进行复式作业，效果良好。

图1-8　镇　压

（6）起垄。起垄是在田间筑成高于地面的狭窄土垄，能加厚耕层、提高地温、改善通气和光照状况、便于排灌。垄的高度、宽度、垄沟宽因不同作物而有所不同，为了垄能打得顺直，可拉线做比照（图1-9）。

（7）作畦。畦是用土埂、沟或走道分隔成的作物种植小区，挖沟是为了便于排水，作土埂是为了便于灌溉（图1-10）。

实施建议 可结合相关内容学习农业专有名词。

图1-9　起　垄

图1-10　作　畦

2.操作练习

①除草并捡拾杂物等。

②撒肥，肥料要撒均匀，按每平方米施1.5 ~ 2.5千克农家肥的量施底肥。

③翻地，将肥料翻入土中，然后将地耙平。

④按相应种植作物要求打垄、作畦。为了防止未完全腐熟的农家肥烧种烧苗，通常要等几天之后再播种或栽种。如能找到耪地、镇压的老物件，可以尝试操作。

3.重点难点解析

①对不同工具的使用方法进行示范讲解。

②肥料要撒施均匀，先按每亩[②]推算1米^{2}的肥料撒施量，在1米^{2}范围内尝试撒施均匀，然后再大面积撒施。

② 亩为非法定计量单位，1亩≈667米^2。——编者注

实施建议 注意在劳动中总结劳动经验。

（三）实践整地

1.实践安排　按6人一组领取工具和肥料，大家一起除草，之后先尝试在1米^{2}内撒肥，再大面积撒肥，然后翻地，将肥料翻入土中再耙平，在平地的同时注意碎土，一组学生站成一列一起推进。如果有耪子，可以小组轮流操作。平地之后，按相应种植作物要求起垄、作畦，先以拉线或撒石灰的方式起垄、作畦参照线，两人起一条垄或作一条畦。

实施建议 强调劳动规划——分组分工、制订方案、协作推进。

2.常见问题及纠正

（1）撒肥要均匀。撒多了的地方需要分散处理，防止烧苗。

（2）防止漏翻地块。

（3）耙地要均匀平整。

（4）垄条与土埂要顺直。

3.习惯养成

（1）完成工作，清洁用具。

（2）整理场地，交还工具。

（3）积极参与，相互配合。

四、成果验收

•活动时间：15分钟

•活动说明：组织学生验收劳动成果

五、交流提升

•时间：30分钟

（一）学生劳动小结

劳动完成后召集所有同学，先进行5分钟小组内分享，再由各组推举1～2人进行集体分享，包括劳动过程中的发现、感受、问题或创新。

（二）教师点评

教师对劳动过程、分享过程中出现的问题进行总结点评，主要包括学生是否能够清晰地表述劳动细节、是否能够发现问题、是否总结得合理全面等。

（三）经验反思、观念纠正

指导老师可以对当天学生的表现和事件进行梳理、例证，比如活动中有哪些同学遵守劳动规范、认真听讲、有创新意识、负责任、能帮助同学、有安全意识和良好的劳动习惯等。主要鼓励合作、努力、勤奋、乐观、探索等正面的劳动品质和精神，并对负面的观点和情绪进行非指责性的正向引导，纠正错误的劳动观念。

（四）评选先进

1.评选劳动小标兵　根据个人评价表的分数，评选出劳动小标兵。

2.评选劳动先进小组（优秀班级）

（1）汇总、公布成果验收的分数。

（2）颁发优秀小组奖章。

（3）组织学生参观优秀小组的劳动成果。

（4）对优秀小组的优势进行讲解，让其他组明确需要改进的地方。

3.劳动标兵评价标准　由个人、组内成员、教师分别评价后汇总表格分数。

学生评价表

评价维度	评价				
	评分内容	分数	自评	互评	师评
劳动观念	通过认识土壤、土壤测试实验，树立尊重劳动、热爱劳动的观念	10			
	通过整地劳动实践，认识到劳动创造价值	5			
	认识到土壤健康的重要性，认同农业可持续发展理念	5			
劳动能力	学会测试土质，掌握划分沙土、黏土、壤土的方法	10			
	了解土壤酸碱度对植物生长的影响，学会判断土壤酸碱性的多种方法	5			
	认识劳动工具平地耙、耪地工具、碌碡等，掌握劳动工具的使用方法	5			
	掌握翻地、整地的技巧，能够按照相应作物种植要求整理地块	10			

（续）

评价维度	评价				
	评分内容	分数	自评	互评	师评
劳动习惯与品质	能在整地实践的过程中，养成遵守劳动规范、按流程工作的劳动习惯	10			
	通过土壤探究实验，提升认真、专注的劳动品质	5			
	劳动结束后，工具及材料清洁归位，并摆放合理，养成劳动后整理场地的劳动习惯	5			
	在劳动过程中能够相互配合、沟通协作	5			
	每次劳动结束后认真参与总结、反思，清晰、完整地填写学生手册	5			
劳动精神	通过了解土壤特点和土壤保护的重要性，养成积极探索的劳动精神	10			
	通过整地劳动实践，养成不怕脏、不怕累的劳动精神	10			
总分		100			

4.优秀小组评价办法

（1）组建优秀小组成果验收小组，小组成员由教师和各组学生代表（每组1名）组成。

（2）评分方式：成果验收小组给各组的劳动成果打分，小组成员评价和教师评价各占总分数的50%，汇总得分后选出优秀小组。

备注：评价期间，其他小组成员可做一些劳动收尾或总结工作。

5.优秀集体评价标准　随队校领导、场地管理人员进行巡视评选，每月评选或两月评选一次。

评价表			
			○优秀小组/○优秀班级
评价维度	评分内容	分数	评分
劳动态度	积极参与，热情投入	10	
	氛围融洽，团队成员积极沟通配合	15	

（续）

评价表		
		〇优秀小组/〇优秀班级
劳动能力	安排合理，分工明确，有效协作	15
	在劳动过程中积极探索，提升效率	10
劳动习惯	工具使用规范	10
	劳动步骤正确	5
	能做到工完场清	10
劳动精神	积极肯干、吃苦耐劳	15
	脚踏实地，诚实劳动	10
	总分	100

六、榜样激励

致力于土壤污染修复的仇荣亮

2014年发布的《全国土壤污染状况调查公报》显示，中国土壤环境状况总体不容乐观，全国土壤污染超标率达16.1%。在工矿业废弃地土壤环境问题突出的同时，耕地土壤环境质量更加堪忧，全国受有机污染物污染的农田已达3 600万公顷，污染物类型包括石油类、多环芳烃、农药、有机氯等；因油田开采造成的严重石油污染土地面积达1万公顷，石油炼化业也使大面积土地受到污染；在沈抚石油污水灌区，表层和底层土壤多环芳烃含量均超过600毫克/千克，造成农作物和地下水的严重污染。全国受重金属污染土地达2 000万公顷，其中13万公顷土地因镉含量超标而被迫弃耕。部分地区重金属污染被扩散到食物链，当地人的健康亮起了红灯。

土壤修复工作是十分困难且相当漫长的。从2000年起，时任中山大学环境科学与工程学院教授的仇荣亮带领学生到东北、甘肃、云南等地进行土壤修复领域的野外调查。他们年复一年，跋山涉水，深入土壤污染一线开展调研工作，是中国最早开展重金属污染土壤植物修复的研究团队之一。他们主要采用以植物提取、植物阻隔、植物稳定为核心的植物—化学联合修复技术，针对低、中、高不同污染程度的农田，利用不同的修复植物与农作物进行间套种，同时结合包括土壤酸碱调理剂及铁硅基重金属固定剂在内的化学改良剂的施用，达到污染农田安全生产的目的。

2005—2012年，团队用了七年时间，构建了重金属中低污染农田的“低累积农作物＋改良剂”植物阻隔联合修复模式，既能满足我国人多地少粮食压力大的国情需要，也可为国内外重金属污染农田的治理、修复及利用提供有价值的参考。仇荣亮教授在接受中山大学中大校报专访时说：“十年磨一剑，总算可以基本实现舌尖上的安全了。”

仇荣亮教授所带领的团队在土壤污染植物、微生物、化学修复方面的研究取得了突出成果，申请国家发明专利18项（11项已获授权）。近年主持国家级、省部级项目40多项，在广东韶关、从化、清远、番禺、广州，云南蒙自，江西定南等地建立了8个生态恢复、植物修复和化学修复研究基地。

面对土壤污染的严峻局面，国家立法速度也明显加快。中华人民共和国生态环境部除了在新《环境保护法》中增加了土壤修复的内容外，也公布了《土壤环境质量标准（征求意见稿）》和《土壤污染防治行动计划》（简称“土十条”），切实加强土壤污染防治，逐步改善土壤环境质量。

七、意识提升与激励

土壤是农业的根本，保护土壤生态，就是在提升地力，维护农业的可持续发展！

八、知识链接

1.判断土壤酸碱性的方法

（1）看土源。山林中的土壤、沟壑的腐殖土一般是黑色或者褐色的，比较疏松、肥沃，通透性好，是非常好的酸性腐殖土，如松针腐殖土、草炭腐殖土等。

（2）看地表植物。在采集土样时，可以观察一下地表生长的植物，一般生长松树、杉类植物、杜鹃、茶树的土壤多为酸性土，而生长柽柳、棉花、高粱、碱蓬、蒺藜等的土壤多为碱性土。

（3）看土壤颜色。酸性土壤一般颜色较深，多为黑褐色；碱性土壤颜色多呈浅色，如白色、黄色等。有些盐碱地区，土表经常有一层白色的盐碱粉末。

（4）通过手感判断酸性土壤和碱性土壤。酸性土壤握在手中一般是软软的，松开后土壤容易散开，不易结块；碱性土壤握在手中感觉挺硬实，松手以后容易结块而不散开。

（5）通过浇水后的状态判断酸性土壤和碱性土壤。酸性土壤浇水以后下渗较快，不冒白泡，水面较浑；碱性土壤浇水后，下渗较慢，水面冒白泡，起白沫，有时表面还有一层白色的碱性物质。

2.过酸或过碱对土壤的影响

（1）降低土壤养分的有效性。土壤中钙、镁和钾在酸性土壤中易代换也易淋失；钙、镁在强碱性土壤中溶解度低，有效性降低；硼、锰、铜等微量元素，在碱性土壤中有效性大大降低；在酸性和碱性土壤中，磷均易形成不溶或微溶性磷酸盐而被固化。

（2）破坏土壤结构。强酸性土壤中氢较多，强碱性土壤中钠较多，而钙缺少，难以形成良好的土壤结构，不利于作物生长。

（3）抑制土壤微生物的活动。土壤微生物一般最适宜的pH为6.5 ～ 7.5，过酸或过碱都会严重抑制土壤微生物的活动。

（4）不利于作物的生长发育。一般作物最适宜在中性或近中性土壤中生长；酸性土不适宜甜菜、紫苜蓿、红三叶；茶树要求强酸性和酸性土，中性土壤不适宜生长茶树。

（5）易产生各种有毒害的物质。碱性土壤中可溶盐分达一定数量后，会直接影响作物的发芽和正常生长。含碳酸钠较多的碱性土壤，对作物有毒害作用。

3.株距与行距的确定　在起垄、作畦方面需要考虑相应作物的种植要求与具体品种特点，以便确定合理的垄和畦的宽度、长度。比如某番茄品种的垄宽要求为60厘米，行距50厘米，株距35 ～ 40厘米。

九、课外劳动实践

根据学习情况，进行拓展训练。

要点摘记

土壤辨识和翻耕

第二章　叶菜类蔬菜

——种子认知与播种育苗

01 课程引言

中国人爱种菜的历史根源是什么？

种子被誉为农业的“芯片”，中国的种子面临“卡脖子”的困境吗？

在蔬菜领域，我国的“芯片”有多大自主权？

古话说：“种子不纯，坑死活人。”“种子买得贱，空地一大片。”“三年不选种，增产要落空。”这些都有道理吗？带着种种问题，让我们开启本课程的学习之旅。

02 课程介绍

在我国现代种植业中，蔬菜种植是农业生产的重要内容。我国拥有悠久的蔬菜种植历史，蔬菜产量和销量都居世界前列。随着国人生活水平的提高，对蔬菜的品种和品质要求也在逐步提升。在蔬菜种植中，种子的选择可谓重中之重，是农业生产链条的最上源，在很大程度上影响甚至决定了农作物的产量和质量。而蔬菜育苗是蔬菜生产过程的第一步，也是使蔬菜早熟、丰产的重要环节。本章，我们将重点了解中国种业的历史与现状，学习播种与育苗技术。

课程课时：3课时　　**适用年级：小学五年级**

03 课程目标

一、劳动观念

1.通过了解种子研发成果及在研发过程中经历的失败，认识到劳动创造价值的道理，从而尊重劳动、热爱劳动。

2.通过播种与育苗劳动，培养探究问题、知而后行的劳动意识。

二、劳动能力

1.了解常见蔬菜的分类方法，知道常见蔬菜的科属。

2.了解蔬菜种子播种的注意事项，知道播种株行距、深度等要素，掌握直播韭菜的方法。

3.了解育苗的目的，知道育苗的条件，掌握芹菜育苗的方法。

三、劳动精神

通过韭菜播种与芹菜育苗劳动实践，培养不怕脏、不怕累的劳动精神。

四、劳动习惯与品质

1.能够在韭菜播种和芹菜育苗的过程中，遵守劳动规范、按照流程完成劳动。

2.通过种植与育苗的劳动过程，提升认真、专注的劳动品质。

3.能在劳动结束后，将工具及材料清洁归位，养成工完场清的劳动习惯。

4.每次劳动结束后，认真参与总结、反思，清晰、完整地填写学生手册。

04 教学准备

一、场地准备

翻耕地块施基肥。

二、经验准备

常见叶菜知识。

三、教具、工具和材料准备

活动内容	项目	物料名称
叶类蔬菜	教具	无
	工具	平耙、开沟器
	损耗性材料	韭菜种子
播种育苗	教具	无
	工具	铁锹、喷壶
	损耗性材料	芹菜种子、育苗纸盘、育苗基质

05 教学实施

一、课程导入

蔬菜是中国人日常饮食中必不可少的食物之一，可提供人体所必需的多种维生素和矿物质，是仅次于粮食的重要副食品。种菜，在世界人民的眼中，是中国人的民族天赋。《舌尖上的中国》导演胡博说："中国人走到哪里，都得想办法种点菜。这还真不是说着玩儿的。"

相对于一年只熟一两次的粮食而言，蔬菜的生长周期非常短，更具灵活性，可以随意选择适合这个季节栽种的蔬菜，比如芹菜的生长期为120天左右，一年可种植3次；生菜的生长期为90天，一年可以生产4次；萝卜3—10月都可栽种……"手中有粮，心中不慌"，在任何时候都是真理。要想产量高、品相好，我们还需依靠现代农业种植技术。本章，我们将了解蔬菜种植的相关知识，学习蔬菜的种植方法并进行穴盘育苗。

二、安全教育

1.搬运劳动工具时注意安全。

2.使用劳动工具注意与同伴间的安全距离。

3.注意工具放置位置，防止被绊倒或发生磕碰。

三、农耕实践

主题一：叶类蔬菜

•活动时间：1.5小时

•活动重点与难点：

［重点］叶类菜相关知识。

［难点］韭菜种植方法。

•实践流程：

（一）蔬菜的基础知识

1.蔬菜的来源与发展概况　在中国古代，蔬菜来自野生植物的采集，《诗经》中列出的蔬菜有20多种，这是中国最早的有关蔬菜的数据记载。随着农业生产的发展，蔬菜栽培逐步兴起，野生蔬菜逐步向栽培种转变，种类不断增加。同时，内外交往的增加也促进了世界各地蔬菜品种的引入，自汉代以来，中国蔬菜的品种越来越丰富。目前中国栽培的蔬菜已经多达100多种，普遍种植的有50多种。

中国既是蔬菜生产大国，也是蔬菜消费大国。据统计，2021年，全国蔬菜种植面积超2 000万公顷，产量7.7亿吨。2018年，全球蔬菜产量为13.8亿吨，中国占比超过50%。同时，我国蔬菜总消费量占全球的40%。

实施建议　可结合相关内容学习劳动态度——空谈误国、实干兴邦。

2.蔬菜分类　蔬菜是指可以烹饪成为食品的植物或菌类。

蔬菜有很多分类方法，常见方法为植物学分类法和食用（产品）器官分类法。

植物学分类法就是按照门纲目科属种来分，比如十字花科的白菜、萝卜、甘蓝，茄科的辣椒、茄子、番茄。

食用（产品）器官分类法就是按照人类食用的植物部位来分类，可分为根菜类、茎菜类、叶菜类、花菜类、果菜类。如大白菜吃的是叶子，它就被划分到了叶菜里。

3.叶菜分类　叶菜类是以鲜嫩叶片及叶柄为产品的蔬菜，再进一步可以划分为普通叶菜类、结球叶菜类、辛香叶菜类。

普通叶菜类包括白菜、菠菜、空心菜、油麦菜、苋菜、茼蒿、芹菜等，结球叶菜类包括结球甘蓝、白菜、结球莴苣、包心芥菜等，辛香叶菜类包括大葱、韭菜、芹菜、茴香、芫荽等。

叶菜含有大量叶绿素、维生素及矿物质，但蛋白质及脂肪含量不高。叶菜及谷类混合动物性食材食用，可以互相补充营养成分，促进消化。

实施建议 可结合相关内容学习劳动方法——观察现象、总结知识。

4.种植流程　蔬菜的种植基本可以分为种子前处理、播种、间苗定植、中耕管理、采收5个最重要的过程。

5.种子前处理　种子常常带有病菌，为减少苗期病害，保证菜苗茁壮成长，播种前通常要对种子进行简单的消毒处理。

温水浸泡消毒法：一般是将种子放在60℃的热水中浸泡10 ～ 15分钟，水温降至30℃后，继续浸泡3 ～ 4小时，取出晾干。

6.选择种植方法　蔬菜有两种栽植方式，一种是先育苗，再移栽；另一种是直接播种。

（1）有些蔬菜必须直接播种，如豆类、萝卜等，因为移苗会伤害蔬菜根部影响其正常生长。

（2）有些蔬菜必须移植，如甘蓝、花椰菜、芥菜、茄子等，因为这些蔬菜的种子成本较高，而且不易发芽，直播种子不但浪费，还不能保证出苗率。

（3）大部分速生叶菜类不需要育苗移栽，直接用种子种植就可以了。

7.蔬菜播种方式　按照蔬菜植株的大小及生长特点，直接播种的方法也有所区别，通常可分为撒播、条播、穴播。

（1）撒播。撒播即将种子均匀地撒于田地表面，是一种古老而粗放的播种方式，大多用手工操作，简便省工，但种子不易分布均匀，覆土深浅不一，后期不便中耕除草，现在基本已经停止使用。

（2）条播。条播即把种子均匀地播成长条，行与行之间保持一定距离。其特点是能够保证通风透光，便于行间中耕除草、施肥等管理措施和机械操作，是目前广泛应用的一种播种方式。本章主要使用条播进行播种。

（3）穴播。穴播又称点播，一般用于生长期较长的大型蔬菜类，以及需要丛植的蔬菜。这种方式能够创造局部发芽所需要的水、温、气条件，有利于在不良条件下播种而保证苗全苗旺，节省用种量，同时也便于机械化耕作管理。

8.条播流程与注意事项　在整理好的土地上，按照需要的行距进行开沟、播种、盖土、镇压。

（1）开沟深度。蔬菜播种时要把控好播种深度。播种太深，子叶出土困难，种子营养支撑不到子叶见到阳光就耗尽了；播种太浅，若土壤水分不足或天气导致水分蒸发快，种子容易干枯。一般叶菜种子播种覆土厚度为1 ~ 1.5厘米，在寒冷、干燥、土壤疏松（如沙壤土）的地块，覆土要稍厚；在气候温暖、雨量充沛、土质黏重的地块则覆土宜浅。种子大的可播深些，小粒种子应浅播。

（2）行距。每行的距离就是行距，确定原则是要给植物留出足够的生长空间，使植物受到充足的阳光照射，提高植物光合作用的效率。

行距的大小，要根据植物品种、采收时植物高度、冠幅大小等因素来确定。比如大白菜，成品冠幅在40厘米左右的品种，行距就不能小于40厘米，同时还要考虑到管理时人的行走需求，一般大白菜的行距在60厘米左右。

小油菜、菠菜等冠幅比较小的蔬菜，是分畦种植的，管理时人在畦埂上行走，在确定行距时只需要考虑植物冠幅，比如菠菜冠幅10厘米，行距也为10厘米。

（3）播种量。从种子长成蔬菜，出芽率、出芽后的病害及虫害、移苗或定苗损耗等都是影响产量的重要因素，所以要综合考虑播种量。

种子播量的计算方法比较多，较简单的方法是考虑每亩地的基本苗数、种子千粒重、种子发芽率、200%间苗量（即增加200%的秧苗）及20%安全系数（即增加20%的秧苗）。计算方法为：

种子用量（克/亩）＝（每亩基本苗数＋200%间苗量＋20%安全系数）×种子千粒重÷1 000÷种子发芽率

例如：白菜每亩栽种4 250株，种子千粒重3.25克，发芽率为85%。

种子用量（克/亩）＝（4 250＋4 250×200%＋4 250×20%）×3.25÷1 000÷85%

＝52克/亩，即每亩需要白菜种子52克。

（4）播种时间。在播种时间方面，不同的植物对出芽温度、生长温度的需求都不同。一般耐寒的蔬菜，在春季要早播种，在秋冬季可以延后播种；不耐寒的蔬菜在春季晚播种，在秋季要提早播种。当然，还要考虑蔬菜在生长周期内的天气变化符合蔬菜生长需求。比如白菜，早熟品种生长期在70天以内，晚熟品种生长期在90天以上；芹菜的生长期是90天左右；秋菠菜为35天左右，冬春季节则在45天左右。在生长期内，如果温度骤降到植物不能承受的程度，则会损失惨重。我国农业种植最早是按照二十四节气进行的。

实施建议　可结合相关内容，强调把握关键要素，多方面考虑，确定开沟深度、行距、播种量、播种时间等。

9.实施步骤

（1）参观蔬菜种植园，讲解蔬菜种植的有关知识。

（2）分发工具与材料，分配地块。

（3）播种韭菜。

实施建议 可结合内容，强调劳动步骤。

（二）韭菜的种植

1.韭菜种植的相关知识

（1）韭菜的基础知识。韭菜原产于我国，在我国已有3 000年以上的栽培历史。韭菜一年四季皆可生长，是一种常见蔬菜。韭菜属于宿根植物，一次种植能够多次收获，因为生长迅速、种植方便、味道独特，成为乡间房前屋后最常见的蔬菜之一。近期发布的《阳台种菜报告》显示，2021年第一季度网购韭菜种子销量暴涨，成为阳台新宠。

（2）韭菜的种植时间。韭菜的可种植时间较长，只要温度适宜，四季均可种植。最佳时间是在春季的3—5月，这时的气候利于其生长，可很快萌发，并且品质非常好。

（3）对土地的要求。韭菜对土壤要求不严，黏土、沙土、壤土均可栽培。但韭菜根系不发达，须根多、主根浅，吸收水分和养分的能力比较弱，以耕层深厚、富含有机质、保肥保水力强、通气良好的土壤为好。

（4）韭菜的种植方式。韭菜既可以有性繁殖，也可以无性繁殖。两种繁殖方式的对比见表2-1。

表2-1 有性繁殖和无性繁殖

繁殖类型	繁殖方式	优势	劣势
有性繁殖	用种子繁殖	大面积种植时省时省力，长势好，植株旺盛，品质好	短期内不能割茬，否则容易死根
无性繁殖	用植物的根、茎、叶、芽等器官进行繁殖	简单省事，不用播种，而且成活后，由根茎所萌发的芽长成的植株比用种子繁殖的植株生长快，收获期可以提前	生长势远远不及有性繁殖，不但植株矮小、分蘖数少，而且生长年限短，容易提前衰老，产量低，品质差

（5）韭菜种子的选择。播种种植，种子一定要选择品质好、抗性强的优质品种。播种前还需要进行合理的翻耕作业，并施足基肥。

（6）韭菜种植的要求。韭菜种植一般采用条播，行距20厘米，沟深1厘米，覆土厚度约1厘米。先按行距和沟深开沟，然后把种子均匀地撒在沟里，每10厘米约撒20颗种子，用手简单覆土。

实施建议　可结合内容提升劳动观念——劳动推进农业技术、经验、理念的发展。

2.操作练习

（1）一个小组示范操作步骤。

（2）2人示范平整土地。

（3）2人示范开沟。

（4）2人示范撒种。

（5）2人示范覆土。

实施建议　注意劳动操作规范、工具使用方法，认真观察实操。

3.重点难点解析

（1）随机提问叶菜的分类方式，强调分类方法。

（2）开沟顺直，深浅一致且合理。开沟时可用绳子辅助划直线。

（3）按照要求的条播种子数量进行实操播种。撒种示范时要重点强调每10厘米约撒20颗种子。

（4）播种后及时覆土。

实施建议　专业专注、精益求精。

（三）韭菜种植实践

1.实践安排　约6人一组，各组自行分配任务，先平整土地，然后2人开沟、2人撒种、2人覆土。

实施建议　在劳动实践中注意动作、步骤、工具使用的规范，及时反思优劣、纠正错误。

2.常见问题及纠正

（1）平整土地时要求土壤细碎、表面平整。

（2）开沟顺直，可用绳子辅助。

（3）撒种数量合理，教师观察纠正。

（4）覆土合理，出现有裸露或者覆土太多的情况及时纠正。

3.习惯养成

（1）在活动中能够积极配合，养成遇到问题进行有效沟通的劳动习惯。

（2）养成耐心、细心、严谨的劳动习惯。

（3）养成工完场清的好习惯。

实施建议 培养协作沟通、合作共赢的劳动精神和耐心、细心、严谨的劳动态度。

主题二：育　　苗

• 活动时间：1.5小时

• 活动重点与难点：

［重点］种子的重要性和蔬菜育苗理论方法。

［难点］育苗的实践操作。

• 实操流程：

（一）了解育苗

1.育苗的定义　育苗是指用苗床培育蔬菜秧苗。一般植株高大、生长期长、播种密度小、种子贵重的蔬菜需要进行育苗移栽，如茄果类，瓜类，叶菜类中的芹菜、甘蓝，花菜类的西蓝花等。

2.育苗的作用　从总体上说，育苗是蔬菜生产的首要环节，是蔬菜栽培过程中的一项重要技术措施。从蔬菜生产角度看，蔬菜育苗的作用见图2-1。

由此可见，蔬菜育苗可以提高经济效益和社会效益，是全国各地普遍采用的一项技术。

实施建议 根据现实问题，总结经验，想办法提高劳动效率。

3.种子的重要性　育苗首先要选择好种子。种子作为农业生产的起点，在很大程度上影响甚至决定了农作物的产量和质量，是我国粮食安全的关键。优良种子可大幅度提高单位面积产量，丰产稳产，有人把种子比喻成粮食的“芯片”。

中国人碗里装中国粮，要靠中国的种子。中国是世界第二大种子需求国，

图2-1　育苗的作用

种子作为农业产业链中的源头，是国家粮食安全和农业持续发展的一个基础产业。

中国工程院院士、杂交水稻之父袁隆平曾说："关键时候，一粒小小的种子能够绊倒一个巨大的国家；种业的安全关系到粮食的安全，也关系到国家的安全。"

实施建议　知道在发展中的各种难题，只有通过诚实劳动才能破解。

4.获得种子的方式

（1）改革开放之前，中国农业用种主要依靠农民自选、自留。

（2）自1979年，种子生产专业化，开始以县为单位统一供种。

（3）2000年，以"种子工程"启动为标志，种业开始真正成为产业。

5.种子对产量的影响　中华人民共和国成立以来，在水稻新品种的选育与生产利用方面进行了大量研究。其中，20世纪50年代后期矮秆水稻和70年代初杂交水稻的育成是水稻育种的两次重大突破，使我国水稻平均单产在70年代中期和80年代中期先后跃上亩产250千克和300千克的"台阶"。其后，随着良种的推广应用，到90年代初期，单产又进一步提高到400千克的水平。到2020年，中国水稻单位面积产量达到了亩产470千克。

6.中国种业发展　"面对挑战，如何增强紧迫感，提高品种的科技含量及育种水平，不断发展壮大我国种业，培育出更多可供农民选择的高产、优质、高稳定性的品种，从而使中国种业在激烈的竞争中立于不败之地，是摆在中国广大种业科技工作者面前的重大课题。”袁隆平说。

农业农村部副部长张桃林指出：“世界种业已进入到‘常规育种+生物技术+信息化’的育种4.0时代，正迎来以基因编辑、人工智能等技术融合发展为标志的新一轮科技革命。对我国种业来讲，既是挑战，更是难得的发展机遇。”

实施建议 幸福不会从天降，美好生活靠劳动创造。

7.我国在种质资源保护上的策略　2009年11月底，中国第一座规模达83.95亩的国家级野生生物种质资源库——中国西南野生生物种质资源库在中国科学院昆明植物研究所建成，这是我国唯一一个以野生生物种质资源保存为主的综合保藏设施，是目前全球第二、亚洲最大的野生种质资源库。截至2020年12月，中国西南野生生物种质资源库已保存植物种子10 601种（占我国种子植物物种数的36%）、85 046份，植物离体培养材料2 093种、24 100份，动物种质资源2 203种、60 262份，微生物菌株2 280份、22 800份。

2015年，启动第三次全国农作物种质资源普查与收集。

2020年12月16日召开的中央经济工作会议提出，有序推进生物育种产业化应用，要开展种源“卡脖子”技术攻关，立志打一场种业翻身仗。

2021年中央1号文件发布，明确提出“打好种业翻身仗。农业现代化，种子是基础。”

实施建议 渗透诚实劳动是实现事业辉煌的必要条件。

8.实施步骤　育苗方法讲解示范→领取材料、工具，分配操作地块→实践操作育苗过程→工具回收，场地清理。

实施建议 注意劳动步骤，熟知流程、操作严谨规范。

（二）芹菜育苗

1.芹菜的历史　芹菜属于伞形科，起源于地中海。

在汉代，芹菜通过丝绸之路传进我国，起初只是观赏植物，后作食用，经过不断地驯化培育，形成了细长叶柄型芹菜栽培种，即本芹（中国芹菜）。这恰好与其他国家的芹菜形成了鲜明的对比，海外的西芹属于叶柄短粗类型。

2.芹菜的现状　我国采取各种措施，精心打造各种芹菜品种，比如山东平度马家沟芹菜、章丘鲍芹等。随着种植技术的提高和新品种研发推广，芹菜的种植水平和市场经济效益都得到较大的提升。在这个过程中，研发出的新型栽培方式和主导性新品种也发挥了很大作用。种子增强技术已经开发出有效的芹菜种子，这种种子因抗病能力强而受到广泛关注。

3.芹菜育苗　种植芹菜必须选用新种子，陈旧的芹菜种子发芽率很低，甚至不发芽。育苗温室光照栽培的芹菜需要在遮阴苗床上面进行。

芹菜种子发芽适温为15～25℃，超过30℃难以出苗，一般在育苗前浸种12小时进行低温催芽处理，盛夏出苗前要盖遮阳网，以利保湿。

4.育苗所用工具及材料介绍　育苗的主要工具见图2-2。

5.纸浆穴盘育苗方法　育苗基质可选用有机营养土，装满后震实至穴钵3/4为宜。纸穴育苗盘的使用方法如下：

（1）育苗床整理，床面之间内隔0.5米，用于步道和排水。

（2）床面整平踏实后，做消毒处理。

（3）将纸浆育苗穴盘铺在床面上，用小木棍先固定好一端，再拉展固定好另一端及两侧。

（4）固定好后，开始装土，装土时动作要轻，先中间后两边，再从中间高处向两边轻轻刮平，以免砸塌蜂窝育苗袋。

（5）装好土后，将一粒芹菜种子放在正中间，用手指按入土中1厘米处。

（6）每个格子都放好种子后再盖一层土。

（7）盖土完成，即可拔出固定蜂窝育苗袋的小木棍，用于后面蜂窝育苗袋的固定。

（8）用喷壶给育苗穴盘浇水。

6.常规育苗穴盘育苗方法

（1）准备育苗穴盘，选用合适的穴盘，苗龄长的选用50穴育苗盘，短的用72穴育苗穴盘（图2-3）。

（2）了解育苗穴盘小孔的作用：透气、透水（图2-4）。

（3）了解基质成分与作用，一般为蛭石、珍珠岩、椰糠、泥潭、腐殖质等（图2-5）。

（4）铺装基质，将基质倒在中间，然后向两遍刮平（图2-6）。

（5）用喷壶浇水，等待基质充分吸水，直至穴盘底下渗出水（图2-7）。

（6）每个穴里撒一粒种子（图2-8）。

名称：有机营养土。
成分：椰糠、蛭石、珍珠岩、农林废弃物等。
特点：营养全面、透气性好，吸水率大、酸碱度适宜。
注意事项：不要突然旋转，注意后面及侧面的人。

名称：平头铁锹
使用方法：双手握持，杠杆运动，轻拿轻放。
注意事项：不要突然旋转，注意后面及侧面的人。

名称：芹菜种子。
形状特点：呈黄褐色或暗褐色，表面有纵纹，具有很浓的味道，形似椭圆，但横切面为正五角形。
注意事项：芹菜种子多数有4～6个月的休眠期，刚采收的种子难以发芽。此外，在有光的情况下比在黑暗中易发芽。

名称：喷壶
使用方法：灌好水后按压即可。
工作原理：水位高低产生压力差，压力使水喷出来。喷壶顶部有通气孔，这是为了让空气进入从而使内外大气压平衡。
注意事项：不要暴力操作损坏压杆。

名称：纸浆育苗穴盘。
成分：植物纤维。
特点：抗静电，透气性好，营养成分高，本体可自然降解，以达到生态循环、经济环保的目标。
使用方法：拉开，铺在床面上，用小木棍先固定好一端，再拉展固定好另一端及两侧。
注意事项：使用前禁止淋水，确保干燥通风，轻轻展开成型，切勿拉过头。营养土配制好装容器时必须保持干燥，不得过潮。

72孔穴盘

编号：JT72

名称：普通育苗穴盘。
成分：塑料。
特点：价格合理、使用方便，但破损后不能回收利用。
使用方法：平整地面均可，可移动。
注意事项：不要用力撕扯。

图2-2　育苗材料与主要工具

图2-3　准备穴盘

图2-4　观察穴盘

图2-5　观察基质土

图2-6　铺装基质

（7）覆土，薄薄一层，不超过0.5厘米（图2-9）。

（8）再次浇水，湿润表层土壤（图2-10）。

图2-7　浇　水

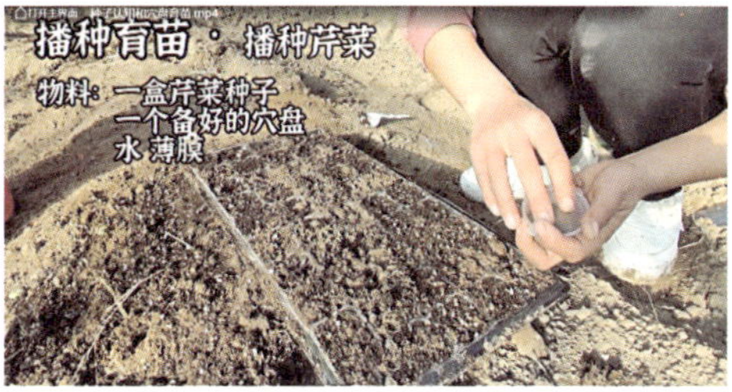

图2-8　撒　种

图2-9　覆　土

（9）将育苗穴盘移至温暖通风处即可。天气冷的话需要用塑料薄膜覆盖，如果温度足够高则不需要（图2-11）。

图2-10 浇 水

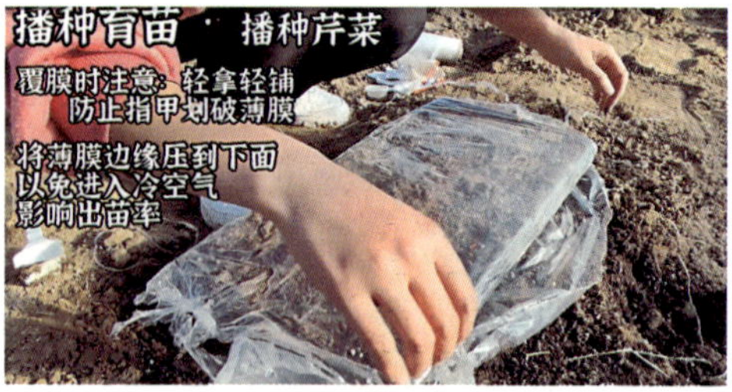

图2-11 覆盖薄膜

实施建议 操作严谨规范，工具使用正确安全。

7.学生操作练习

（1）1名学生演示铺装育苗基质。铺装时不用按压，平铺即可。

（2）1名学生演示育苗基质浇水。有机质吸水速度慢，需要学生耐心等待。

（3）1名学生演示播种、覆土、浇水。

8.重点难点解析

（1）基质浇水要浇透，等待基质充分吸水。

（2）芹菜种子的播种深度不超过1厘米。

（三）育苗实践

1.实践安排

（1）分配各组育苗区位置。

（2）领取育苗物料。

（3）2人一组配合填装基质。

2.常见问题及纠正

（1）填充厚薄不均。若差距太大，需要加土后重新播种。

（2）种子埋得过深。需要教师及时发现，重新播种。

实施建议 操作严谨规范，重视每一个劳动细节。

3.习惯养成

（1）在活动中能够积极配合，养成遇到问题进行有效沟通的劳动习惯。

（2）做事有条不紊，不慌乱，养成耐心、细心、严谨的劳动习惯。

（3）养成工完场清的好习惯。

实施建议　培养协作沟通、合作共赢的劳动精神和耐心、细心、严谨的劳动态度。

四、成果验收

- 活动时间：15分钟
- 活动说明：组织学生验收劳动成果

五、反思交流

- 时间：30分钟

（一）学生劳动小结

劳动结束后，学生按照小组集合，首先进行组内分享，再由各组推举1～2人进行集体分享，包括劳动过程中的发现、感受、问题或创新做法。

（二）教师点评

教师对劳动过程、分享过程中出现的问题进行总结点评，主要包括学生是否能够清晰地表述劳动细节、能否发现问题、是否总结得合理全面等。

（三）经验反思、观念纠正

教师可以对当天学生的表现和事件进行梳理、例证，比如活动中有哪些学生遵守劳动规范、认真听讲、有创新意识、负责任、能帮助同学、有安全意识和良好的劳动习惯等。主要鼓励合作、努力、勤奋、乐观、探索等正面的劳动品质和精神，并对负面的观点和情绪进行非指责性的正向引导，纠正错误的劳动观念。

（四）评选先进

1.评选劳动小标兵　根据个人评价表的分数，评选出劳动小标兵。

2.评选劳动先进小组（优秀班级）

（1）汇总、公布成果验收的分数。

（2）颁发优秀小组奖章。

（3）组织学生参观优秀小组的劳动成果。

（4）对优秀小组的优势进行讲解，让其他组明确需要改进的地方。

3.劳动标兵评价标准　由个人、组内成员、教师分别评价后汇总表格分数。

学生评价表

评价维度	评分内容	分数	自评	互评	师评
劳动观念	尊重劳动、热爱劳动，认识到劳动创造价值	10			
	树立了解事物、探究问题、知而后行的劳动意识	10			
劳动能力	了解常见蔬菜的分类方法	5			
	了解蔬菜种子播种注意事项	5			
	能够按照要求的行距、深度等播种韭菜	10			
	掌握育苗方法，完成育苗实践	10			
劳动习惯与品质	能在播种与育苗的过程中养成遵守劳动规范、按流程工作的劳动习惯	10			
	通过播种与育苗劳动实践，提升认真、专注的劳动品质	5			
	劳动结束后，工具及材料清洁归位，并摆放合理，养成劳动后整理场地的劳动习惯	5			
劳动习惯与品质	在劳动过程中能够相互配合、沟通协作	5			
	每次劳动结束后认真参与总结、反思，清晰、完整地填写学生手册	5			
劳动精神	能在整地实践的过程中，养成遵守劳动规范、按流程工作的劳动习惯	5			
	吃苦耐劳，不怕脏、不怕累	5			
	主动沟通，有合作意识，劳动氛围融洽	5			
	认真、专注，劳动过程一丝不苟	5			
总分		100			

4.优秀小组评价办法

(1) 组建优秀小组成果验收小组，小组成员由教师和学生代表（每组1名）组成。

(2) 评分方式：成果验收小组给各组的劳动成果打分，小组成员评价和教师评价各占总分数的50%，汇总得分后选出优秀小组。

备注：评价期间，其他小组成员可做一些劳动收尾或总结工作。

5.优秀集体评价标准　随队校领导、场地管理人员进行巡视评选，每月评选或两月评选一次。

评价表			
		○优秀小组/○优秀班级	
评价维度	评分内容	分数	评分
劳动态度	积极参与，热情投入	10	
	氛围融洽，团队成员积极沟通配合	15	
劳动能力	安排合理，分工明确，有效协作	15	
	在劳动过程中积极探索，提升效率	10	
劳动习惯	工具使用规范	10	
	劳动步骤正确	5	
	能做到工完场清	10	
劳动精神	积极肯干、吃苦耐劳	15	
	脚踏实地，诚实劳动	10	
总分		100	

六、榜样激励

深钻制种产业的侯三元

2000年，《中华人民共和国种子法》颁布实施，明确提出“国家鼓励和支持单位和个人从事良种选育和开发”。侯三元当时是河南省济源市种子公司的经理，19岁就开始专心搞农业科研的他，由衷热爱良种繁育事业。

2001年10月，他成立了一家育苗公司，开始了育种之路，刚开始推广育种工作就遇到很多困难。侯三元找到当地的老百姓，让他们用自己的方法育种，他来负责销售，但是老百姓怕种苗卖不出去，不想种。侯三元只好先给每户农民2 000元的保证金，老百姓这才同意育种。随着公司效益的增长，第一批和侯三元合作的老百姓都挣到了钱，村里成立了合作社，农民们开始争前恐后地报名加入，逐步形成了“企业＋合作社＋农户”的生产模式。从2018年起，济源市在全国首创蔬菜制种特色保险，承担农户70%的保费，对因为自然灾害减产、绝收的农户给予每亩600～2 000元不等的补偿，这项政策真正给老百姓吃了“定心丸”。目前，济源市蔬菜良种繁育面积达3.6万亩，年产值超过2亿元，年产各类蔬菜种子360万千克，其中，白菜、甘蓝、萝卜种子约占国内市场份额的42.2%，极大促进了当地的经济，形成了一条育种产业链。

在这条育种之路上，侯三元和中国农业科学院有“中国甘蓝之父”之称的方智远院士进行了深入合作。他对方智远院士团队研发的甘蓝种子进行了多次试验，积累了上千个关键数据，将甘蓝种子从亩产30千克提高到亩产80～100千克，从此，甘蓝这个洋作物被安上了“中国芯”。济源市是目前国内最大的甘蓝繁种基地，甘蓝制种单季收入最高达18 000元/亩。如今，越来越多的顶级专家走进济源市，产出的种子不但在国内销售，还出口至十余个国家和地区。

以侯三元为代表的育种专家和技术人员们几十年如一日地坚守在自己的工作岗位上，以愚公精神攻克着一道道技术难关，持之以恒地进行研发、育种、制种，在不断进行农业技术创新的同时，提高农作物的产量和质量，切实增加农民的收入，带动了当地经济的发展，以一粒小小的种子孕育出更大的希望。

实施建议	空谈误国，实干兴邦，了解辛勤劳动和诚实劳动的基础性作用，以及创造性劳动的关键性作用。

七、意识提升与激励

为了培育出更优良、更适应农业生产需要的种子，科学家们从未停下探索的脚步。年轻一代更要了解保护种质资源的重要性，积极参与到种质资源保护、基因编辑、关键技术、品种培育、产业化中来，进行全链条的创新，为我国农业生产贡献力量。

八、知识链接

种质资源的重要价值

一粒种子改变一个世界，种子是农业产业链的起点，是农业中最重要的生产资料，也是农作物优质、高产的重要基础。现代农业的发展主要得益于种子技术的发展，种子是农业技术发展的核心。

袁隆平杂交水稻的故事众所周知，足以体现种质资源至关重要的作用。1970年，袁隆平科研团队在海南岛野外坚持不懈地调查，终于发现了一株长相异常的野生稻，袁隆平给它取名为“野败”，意思是天然的雄性不育野生稻。

正是因为有了“野败”这一种质资源，袁隆平团队才成功培育出了三系杂交水稻，用袁隆平院士自己的话说，“没有三亚的这株野生稻，就可能没有杂交稻。”

九、课外劳动实践任务

根据学习情况，进行拓展训练。

要点摘记

种子认知和穴盘育苗

第二篇

中耕管理篇

第三章 中耕管理
——间苗、定苗与除草

01 课程引言

农作物的田间管理是保产丰收的重要一环，自古就有“人勤地不懒”“三分种，七分管，十分收成才保险”“要想虫害少，除净田边草”等农谚。这些农谚是农民通过多年实践经验总结出来的，你能通过实践总结出哪些经验呢？

02 课程介绍

充分、优良的田间管理技术能够提高蔬菜自身的抗病性、抗逆性，从而达到抑制病虫害的目的。不同农作物的田间管理差距较大，但适时间苗定苗、中耕锄草、整枝压蔓、搭架吊蔓、疏花疏果、灌溉排水、通风补光等是大部分作物都会涉及的。本章主要学习间苗、定苗、中耕除草的知识与技巧。

课程课时：3课时

适用年级：小学五年级

03 课程目标

一、劳动观念

通过间苗、定苗与中耕除草劳动，认识到中耕管理的每一步都决定着最终的成果与收获，体会一分耕耘一分收获的道理。

二、劳动能力

1.了解中耕管理的内涵、中耕工具及用途。

2.通过杂草辨识活动，认识部分常见杂草。

3.了解间苗的原则，掌握萝卜间苗、定苗方法及注意事项。

4.学会定苗、除草等田间管理的方法和技巧。

三、劳动精神

1.能在间苗、定苗和中耕管理的过程中诚实劳动。

2.在除草的过程中不怕脏、不怕累，努力克服困难。

3.通过了解除草剂对生态环境的影响，践行积极探索新方法和新技术、积极进取改变现状的劳动精神。

四、劳动习惯与品质

1.能够在间苗、定苗和中耕管理的过程中遵守劳动规范，按流程完成工作。

2.通过间苗、定苗劳动，提升认真、专注的劳动品质。

3.能在劳动结束后将工具及材料清洁归位，逐步养成工完场清的劳动习惯。

4.每次劳动结束后，认真参与总结、反思，清晰、完整地填写学生手册。

04 教学准备

一、场地准备

1.有适合间苗、定苗的蔬菜。

2.菜田干湿合理，适合中耕除草劳动。

二、经验准备

工具使用安全意识。

三、教具、工具和材料准备

活动内容	项目	物料名称
间苗、定苗	教具	子叶与真叶图片
	工具	提篮容器
	损耗性材料	无
中耕除草	教具	本地杂草图谱、单子叶和双子叶植物区别图
	工具	锄头、二齿耙、小薅锄
	损耗性材料	无

05 教学实施

一、课程导入

在作物从播种到收获的整个栽培过程中，为了给作物的生长发育创造更好的条件，农民们会进行大量的田间管理工作。农民需要根据作物的生长情况、发育阶段、气候特点、农田现状，采取针对性措施，如镇压、间苗、中耕除草、培土、压蔓、整枝、追肥、灌溉排水、防霜防冻、防治病虫等。从日常的除草、浇水到中耕保墒，这些简单的农耕劳动中包含着大量的劳动经验：怎么间苗？什么时候需要中耕？什么时候需要浇水？浇水是越多越好吗？本章，我们主要学习田间管理的方法，了解间苗、除草、浇水等这些简单农活背后的智慧。

实施建议 培养正确的劳动观念——劳动是人类最基本和最重要的社会实践。

二、安全教育

1.劳动时，注意自身安全，小心脚下、小心刮伤。

2.按教师传授的方法，正确使用劳动工具，使用时注意保证自身及周围人的安全，使用后清理工具，放回指定位置。

备注：在农耕劳动实践的过程中，会用到不同种类的劳动工具，注意所有工具在使用时都要谨慎操作，动作幅度不能过大，在确保自己不受伤的同时，避免伤及他人。工具使用完毕后，不要随地乱扔，须及时送回原处。

三、农耕实践

主题一：间苗与定苗

• 活动时间：60分钟

• 活动重点与难点：

［重点］间苗、定苗的方法。

［难点］间苗时不伤到相邻小苗。

• 实践流程：

（一）了解间苗与定苗的基础知识

1.间苗的定义　间苗又称疏苗。对保护地播种和露地播种而言，播种量都大大超过留苗量，造成幼苗拥挤。为保证幼苗有足够的生长空间，应及时拔除一部分幼苗，选留壮苗，使苗间空气流通、日照充足。

实施建议　理解间苗的重要作用。

2.间苗时间　间苗的时间宜早不宜晚，要在幼苗间开始发生拥挤前进行，每次的间苗量不要过大，可分次间苗，以确保苗床内有足够的留苗量。适宜的间苗量和间苗次数以幼苗间不发生拥挤为标准。

实施建议　细心观察，把握时机才能事半功倍。

3.间苗的原则与方法

（1）间苗原则。去除弱苗、病苗、杂苗，留大苗、壮苗、纯苗、位置合适的苗，按计划密度一次或多次定苗。

（2）间苗方法。人工间苗应按计划密度留苗，尽量拔掉弱苗和可以分辨出的杂株。按照“去弱留壮、去小留大、去病留好”的原则间苗。

在幼苗过于集中处，更要注意间开“死簇子”。发现大的断空时，应采取借苗办法，即在断空两端多留几株。

实施建议　观察、辨别是劳动实践的前提。

4.定苗　当农田中保留的苗数达到要求后，不再去除多余幼苗，农田中农作物幼苗数量基本稳定，称为定苗。如果去除后，农田农作物幼苗数量仍然超过要求苗数，还需要再次（多次）去除多余幼苗。间苗和定苗是同一作业的两个方面。

适时间苗、定苗，可避免幼苗拥挤、相互遮光，节省土壤、水分和养分，有利于培育壮苗。

实施建议 正确判断劳动内容和劳动对象所处阶段是劳动的关键。

5.实施步骤

（1）了解间苗原因、时间、原则及方法。

（2）学习如何判断弱苗、病苗、杂苗、大苗、壮苗。

实施建议 准备好病苗、弱苗、杂苗。

（二）萝卜间苗、定苗的原则与方法

1.萝卜间苗的原因（本次课程以萝卜为例） 由于萝卜不适宜移栽，一般只采用直播的方式播种，所以在萝卜种植管理的过程中，间苗、定苗非常重要，是决定萝卜能否高产、优质的关键因素。

实施建议 把握关键要素，科学正确地进行播种方式的选择。

2.萝卜间苗的原则 萝卜间苗的原则是“早间苗、分次间苗和晚定苗”。

（1）早间苗。早间苗就是在萝卜幼苗出土后，长到第1片真叶展开时，就需要进行第1次间苗，可以将那些受病虫害影响或比较瘦弱细小的幼苗去除，同时，还要清除畸形苗或者是不具原品种特征的幼苗。这个时候萝卜幼苗比较细小，拔除的时候不会损伤到留用苗的根系（图3-1）。

（2）分次间苗。分次间苗就是说萝卜间苗不是一次完成的，一般在生产上至少需要间苗2～3次。前面已经讲过，第1次间苗的时间在第1片真叶展开时，第2次间苗一般是在第2～3片真叶展开的时候进行，第3次间苗基本上要等萝卜幼苗长到5～6片真叶，肉质根出现“破肚”的情况时再进行，这个时候只留一根强壮的萝卜幼苗，其余的全部拔除。第3次间苗也就是定苗（图3-2、图3-3）。

（3）正常情况下，小水萝卜首次间苗间距1～2厘米，定苗间距5厘米；胡萝卜首次间苗间距2厘米左右，定苗间距8厘米左右；白萝卜首次间苗间距5厘米左右，定苗间距15～20厘米。间距的确定是根据农民种植间距来测算的，考虑了植物收获时亩产最大化与蔬菜外观的大小、整齐度与美观度。

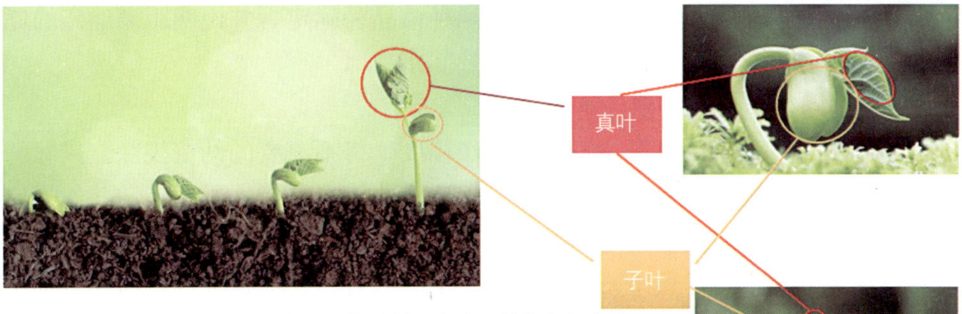

子叶：子叶为暂时性的叶性器官，它们的数目在被子植物中相当稳定。成熟胚只有一片子叶的称为单子叶植物，如小麦、百合等；有两片子叶的称为双子叶植物。

真叶：真叶是植物真正意义上的叶子，一般由托叶、叶柄、叶片构成，是光合作用和蒸腾作用的主要器官。

图3-1　真叶与子叶

图3-2　间　苗

图3-3　定　苗

教学说明：间苗及定苗间距按照实际种植品种确定，并说明距离确定的原则及要求，可让学生用手指的长度来估量间距。

3.萝卜间苗和定苗需要注意的问题

（1）在间苗时应尽量保持较小的动作幅度，将不需要的幼苗拔除。拔除的时候不能一把全拔了，要一株一株地拔，这样才能尽可能地避免带动其他需要留用的幼苗，也不会造成根系损伤。

（2）萝卜间苗时尽量不要伤到留用幼苗的叶片，以免造成伤口而导致细菌感染，引起不必要的病害。

（3）间苗及定苗间距按照实际种植的品种确定，并说明距离确定的原则。

（4）间苗的多余菜苗可以做菜或喂小动物。

实施建议	珍惜粮食和蔬菜，不要浪费。

4.学生操作练习　指定一名学生进行间苗操作。间苗时不要踩到其他小苗，要仔细操作，不要贪图速度快。

5.重点难点解析

（1）间苗间距合理，可让学生用手指的长度来估量间距。

（2）重点保护留下的小苗，不要伤根、伤叶子。

（三）间苗、定苗

1.实践安排　每个人分好区域，负责自己区域的间苗、定苗工作。

实施建议	用标志性的小木棍或小丝带围出每个小组的区域。小组内部分工可由小组自行分配，要求平均分配。

2.常见问题及纠正　间距把握不准，需教师在观察过程中进行纠正。

实施建议	首先根据萝卜的生长情况，确定间苗的苗间距。明确苗间距的长度，比如苗间距4厘米，大约是3个手指的宽度。

3.习惯养成

（1）能够耐心、细心地完成自己负责的区域并积极帮助其他同学。

（2）做到工完场清。

主题二：中耕锄草

•活动时间：60分钟

• 活动重点与难点：

［重点］中耕管理及锄草的方法，辨认常见杂草，使用薅锄的方法。

［难点］把握锄地深度，了解化学除草剂的危害。

• 实践流程：

（一）中耕管理（理解为什么要进行中耕管理）

1.什么是中耕　中耕是指在作物之间耕作，是对土壤进行浅层翻倒，疏松表层土壤的过程。中耕常常结合锄草进行。

2.中耕管理的目的　中耕管理的目的主要是松动表层土壤，增加土壤通气性，提高地温，促进好气微生物活动和养分有效化，去除杂草，促使根系伸展，减少土壤的水分蒸发，调节土壤水分状况。一般结合锄草，在降雨、灌溉后以及土壤板结时进行中耕管理。

3.中耕管理的工具　中耕是在作物生育期在株行间进行的表土耕作，可采用手锄、小薅锄、中耕犁、齿耙等工具。

4.中耕工具的历史　在我国悠久的农业发展史上，中耕工具的演变相对比较慢，从旧石器时代的骨制、石制、木制，到后来的铜器、铁器，虽然材质不同，但构造大同小异，都是用柄带动锋利的刃来松土并锄草（图3-4）。

实施建议　了解在劳动中总结经验、创造性劳动的重要性。

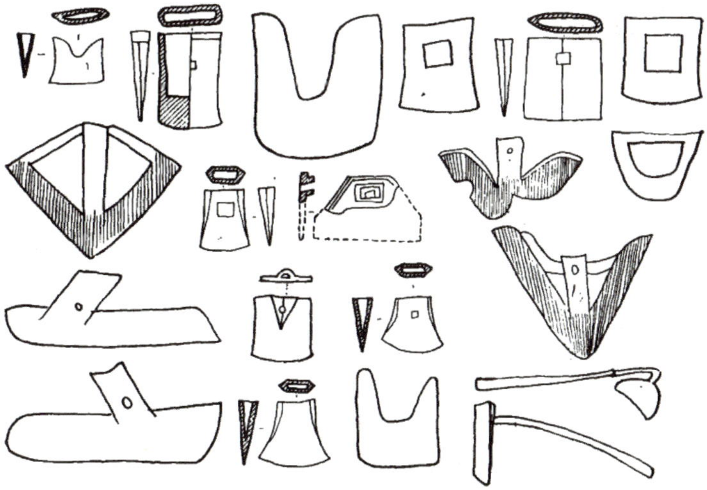

图3-4　不同时期的中耕工具

5. 中耕工具的结构　以我们现在常用的锄头为例。锄头分为两部分，第一部分是“锄刀”，就是用来松土、锄草的地方。锄刀的形状是扁扁长长的，就像菜刀一样。也有些比较特别的，如长方形、狭长形、梯形等。

“柄”是第二部分，是一根圆形木棍，常用硬木制成，装在锄刀的后面一个孔内，用来支撑锄刀，长度为80 ～ 160厘米。长柄会比较方便，因为这样农民就不必把腰弯得特别低了。

6. 中耕工具的分类　按照用途，锄头可分板锄、条锄和薅锄（图3-5）。

（1）板锄。板锄主要用于大面积的浅度挖掘，如土地的松土翻种。

（2）条锄。条锄刃身窄小，用于小面积的深度挖掘，常用于土质坚固的地方，也常用来挖掘埋藏在土壤里的块茎植物，如马铃薯、甘薯、山药、芋头等。

（3）薅锄。薅锄刃身宽大而锋利，有的略有弧度，呈月牙形；有的没有弧度，刃口平直，较板锄略轻、略薄。薅锄主要用于地表的铲掘工作，比如铲除地面的杂草、收拢地面散乱的谷物或沙土等。小薅锄体小轻巧，适合蹲下单手用。

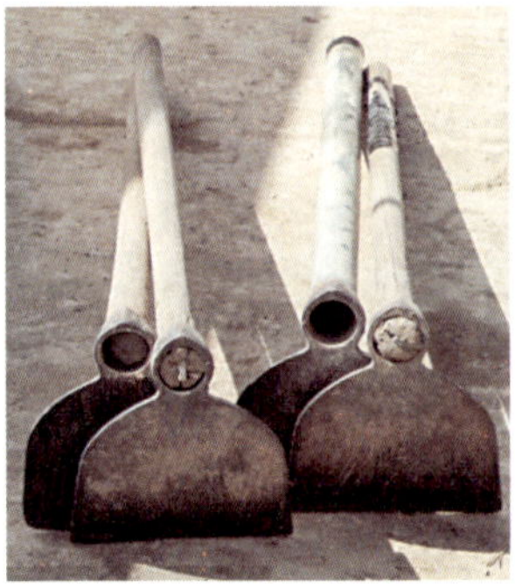

板　锄

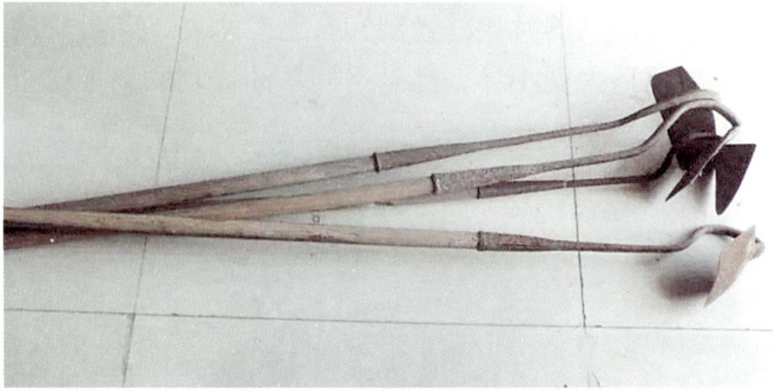

大薅锄

条　锄

小薅锄

图3-5　锄头的类型

7.中耕锄草工具的发展

（1）中耕锄草的传统工具为薅锄，操作方便，锄草效果好，不但可以除掉行间杂草，还可以除掉株间的杂草。但这种方法比较落后，工作效率低。

（2）机械中耕锄草比人工中耕锄草先进，工作效率高，但灵活性不高，难以除掉株间的杂草，一般在机械化程度比较高的农场采用这一方法。

（3）市面上的中耕锄草机可配套完全集成一体化的横向滑动主框架，它的中耕锄草行距灵活可调。

实施建议　学会使用正确的工具、学习劳动方法、具备劳动能力与提升劳动成果之间的重要关系。

8.实施步骤

（1）了解中耕管理。

（2）认识中耕工具。

（3）了解中耕现代化机械。

（二）杂草介绍

1.杂草定义　《中国大百科全书》中是这样介绍的：杂草，是指生长于人类生存和活动场地的有害于人类的野生植物。

2.杂草的生物学特性

（1）传播方式多。

（2）繁殖与再生力强。

（3）生活周期一般都比作物短，成熟的种子随熟随落。

（4）抗逆性强。

（5）光合作用效率高。

3.杂草的危害

（1）与作物争夺养料、水分、阳光和空间。

（2）妨碍田间通风透光，增加局部气候温度。

（3）有些杂草是病虫的中间寄主，导致病虫害发生。

（4）寄生性杂草直接从作物体内吸收养分，从而降低作物的产量和品质。

（5）有的杂草种子或花粉含有毒素，会使人畜中毒。

4.杂草的防治方法对比　在农业种植生产中，除草及杂草防治是农民最头疼的问题。杂草生命力顽强，难以彻底根治。人类从事农耕生产后，与杂草斗争了几千年，至今没有太好的办法，年年长草，只能年年除草，直到发明了除草剂。虽然人类发明了草甘膦等除草剂，甚至发明了抗草甘膦转基因作物，暂时终结了杂草的危害。但草甘膦会在食物中残留，是否会损害人类免疫系统，还有待科学进一步研究。

近年来，保护农业生产区域中杂草等野生植物的多样性，并发挥其在维持生态平衡中的作用逐渐为人们所重视。

实施建议 知道科学态度的重要性。

5.杂草的主要分类　按形态特征，杂草可分为禾本科杂草和阔叶杂草两大类（图3-6）。

禾本科杂草包括牛筋草、画眉草、马唐、狗尾草、莎草等，主要是单子叶植物。阔叶杂草有蓟菜、苍耳、鳢肠、荠菜和鸭跖草等，主要是双子叶植物。

图3-6　禾本科杂草和阔叶杂草

6.认识本地农田杂草　不同地方的杂草品种差距很大，大多是土生土长的原生物种，很多已经在这块土地上繁衍了几万年甚至更久，当然也有一些外来入侵物种。

实施建议
1.挑选本地常见杂草。
2.保留杂草图谱里没有的杂草标本，与大家分享。

苍耳　葎草　车前草　附地菜
马齿苋　荠菜　牛筋草　藜
苋菜　蒲公英　田旋花　中华苦荬菜

图3-7　常见杂草

7.实施步骤

（1）了解杂草的危害。

（2）认识本地杂草。对照图谱辨认本地常见杂草并采集。

（三）中耕锄草

1.锄草要求

（1）一般在播种出苗后、雨后或灌水后，只要土壤温度适宜，就可以及时进行中耕锄草。

（2）蔬菜中耕深度因作物种类而异，黄瓜、葱蒜类根系较浅，根系受伤后再生能力较差，应进行浅中耕；番茄及南瓜等蔬菜作物根群较深，根系伤后容易发生新根，应进行深中耕。

（3）幼苗期中耕宜浅。

（4）株行距大者或距根部远处，宜深中耕。

（5）株行距小者或距根部近处，宜浅中耕。

（6）最初与最后的中耕宜浅，中间的中耕宜深。

（7）中耕深度一般为3～6厘米，深的达9厘米左右。

（8）根据作物生长情况及环境确定中耕深度。

2.小薅锄的使用方法　在使用小薅锄时，用一只手拿，蹲在地上进行操作。

使用注意事项：不要用手扶着杂草，否则容易伤手。

3.学生操作练习

（1）练习使用锄草工具锄草。

（2）能够正确操作锄头。

4.重点难点解析

（1）正确使用锄头，不要碰到作物秧苗。

（2）掌握中耕深度，作物不伤根、杂草不带根。

（3）注意遵守工具安全使用规范。

（四）锄草实践

1.实践安排

（1）按照地块大小平均分配劳动地块。

（2）按照小组领取工具。

（3）进行锄草与中耕操作。

实施建议

1.工具摆放整齐，按照顺序依次领取，保证现场秩序。

2.地块分配需合理，如果杂草数量差距太大，需按照工作量调整每个小组的锄草面积。

2.常见问题及纠正

（1）中耕深度不均匀。需要教师指导工具使用方法。

（2）锄草不干净。锄草要尽量去根，需要教师在观察中指导学生如何锄净。

3.习惯养成

（1）反复练习，按照规范方式正确使用工具。

（2）反复确认锄草成果，达到斩草除根的效果。

（3）完成工作后清洁场地。

（4）清理泥土后，将工具归位。

四、成果验收

•活动时间：15分钟

•活动说明：组织学生验收劳动成果

五、反思交流

•活动时间：30分钟

（一）学生劳动小结

劳动结束后，按照小组集合学生，首先进行组内分享，然后各组推选1～2人进行集体分享，重点在于劳动过程中的发现、感受、问题与解决措施。

（二）教师点评

教师对劳动过程、分享过程中出现的问题进行总结点评，主要包括学生是否能够清晰地表述劳动细节、能否发现问题、是否总结得合理全面等。

（三）经验反思、观念纠正

教师可以对当天学生的表现和事件进行梳理、例证，比如活动中有哪些学生遵守劳动规范、认真听讲、有创新意识、负责任、能帮助同学、有安全意识和良好的劳动习惯等。主要鼓励合作、努力、勤奋、乐观、探索等正面的劳动品质和精神，并对负面的观点和情绪进行非指责性的正向引导，纠正错误的劳动观念。

（四）评选先进

1.评选劳动小标兵　根据个人评价表的分数，评选出劳动小标兵。

2.评选劳动先进小组（优秀班级）

（1）汇总、公布成果验收的分数。

（2）颁发优秀小组奖章。

（3）组织学生参观优秀小组的劳动成果。

（4）对优秀小组的优势进行讲解，让其他组明确需要改进的地方。

3.劳动标兵评价标准　由个人、组内成员、教师分别评价后汇总表格分数。

学生评价表

评价维度	评价				
	评分内容	分数	自评	互评	师评
劳动观念	通过间苗、定苗与中耕除草劳动，认识到中耕管理的每一步都决定着最终的成果与收获，体会一分耕耘一分收获的道理	15			
劳动能力	了解中耕管理的内涵，了解中耕工具及用途	5			
	通过杂草辨识活动，认识部分常见杂草	5			
	了解间苗的原则，掌握萝卜间苗、定苗的方法及注意事项	10			
	学会定苗、锄草等田间管理的方法和技巧。	10			

（续）

评价维度	评价				
	评分内容	分数	自评	互评	师评
劳动习惯与品质	能够在间苗、定苗和中耕管理的过程中，遵守劳动规范，按流程完成工作	10			
	通过间苗、定苗劳动，提升认真、专注的劳动品质	5			
	能在劳动结束后，将工具及材料清洁归位，逐步养成工完场清的劳动习惯	10			
	每次劳动结束后认真参与总结、反思，清晰、完整地填写学生手册	5			
劳动精神	能在间苗、定苗和中耕锄草的过程中诚实劳动	10			
	能在除草的劳动过程中不怕脏、不怕累，克服困难	5			
	通过了解除草剂对生态环境的影响，树立积极探索新方法、新技术，积极进取改变现状的劳动精神	10			
总分		100			

4.优秀小组评价办法

（1）组建优秀小组成果验收小组，小组成员由教师和学生代表（每组1名）组成。

（2）评分方式：成果验收小组给各组的劳动成果打分，小组成员评价和教师评价各占总分数的50%，汇总得分后选出优秀小组。

备注：评价期间，其他小组成员可做一些劳动收尾或总结工作。

5.优秀集体评价标准　随队校领导、场地管理人员进行巡视评选，每月评选或两月评选一次。

评价表			
			○优秀小组/○优秀班级
评价维度	评分内容	分数	评分
劳动态度	积极参与，热情投入	10	
	氛围融洽，团队成员积极沟通配合	15	

（续）

评价表		
		○优秀小组/○优秀班级
劳动能力	安排合理，分工明确，有效协作	15
	在劳动过程中积极探索，提升效率	10
劳动习惯	工具使用规范	10
	劳动步骤正确	5
	能做到工完场清	10
劳动精神	积极肯干、吃苦耐劳	15
	脚踏实地，诚实劳动	10
	总分	100

六、榜样激励

“六不用”生态农业推广之路

2006年，中国科学院植物研究所研究员蒋高明教授回到老家山东省平邑县蒋家庄，承包耕地，进行生态农业科学实验，实践自己提出的“六不用”生态农业发展模式，即种地不用化肥、化学农药、地膜、除草剂、人工合成激素及转基因种子。

当年，蒋高明团队承包了村里最差的低产田，土层厚度仅20厘米，下面就是岩石（当地老百姓称其为麻骨石）。开展生态农业最初的三年需要养地，杂草多、产量少，用惯了化肥、农药的农民们是不相信“六不用”能够获得高产的。前两年，农场的收成并不好。2008年，小麦和玉米两季加起来才收了1 000来斤[③]，2009年略高一些。

蒋高明教授团队从秸秆发酵饲料喂养肉牛入手，种养（禽类）结合，增加生物多样性，对“害”虫、“杂”草综合开发利用，恢复农田生态系统生态平衡。经过几年的努力，尤其是经过2009年冬季的土地整理，这些肥力严重下降和被化肥、农药、除草剂严重污染的农田已实现了生态修复。

不能立竿见影地显现效果，是蒋高明教授推广“六不用”模式的“拦路

③ 斤为非法定计量单位，1斤＝0.5千克。——编者注

虎”。在“六不用”的前几年，作物的产量会下降，果实卖相也不好，往往会影响农民的信心。施用有机肥，从收集物料、沤制成肥到把很重的肥料施到地里，费工又费时。农民几十年形成耕作习惯，难以改变。

“六不用”虽然推广不易，但蒋高明教授的团队仍在努力坚持。15年间，蒋高明教授团队成功地创建了具有中国特色的高效生态农业模式。“六不用”模式的农田从自有100亩，到2 000亩，直到蒋高明教授在全国推广“六不用”生态农业模式50多万亩。

产出的农产品被社会认可后，会带动更多的农户采用生态农业种植模式。蒋高明教授及其团队用自己的技术研究与实践去探索生态农业与经济效益的平衡之路。

教学建议	可组织学生学习本地农科院农村科技特派员、农业农村部农业专家的工作总结或者视频资料，引导学生结合参观体验，体会科技工作者不畏劳苦、攻坚克难、勇于开拓的劳动精神。

七、意识提升与激励

“锄草”与“除草”，一字之差，体现了不一样的生态观念，也体现了人们对杂草的态度。农业从来都不是一个偷懒的产业，如果盲目像工业生产那样提高效率，发展懒人农业，那么生存健康问题就会随之而来。

八、知识链接

中耕管理的作用主要包括：

（1）增加土壤通气性。农作物在生长过程中，不断消耗氧气，释放二氧化碳，使土壤含氧量不断减少。中耕松土后，大气中的氧不断进入土层，增加土壤中的氧气含量，二氧化碳不断从土层中排出，农作物的呼吸作用旺盛，吸收能力加强，从而生长繁茂。

（2）改善土壤微生物的生存环境。土壤中的有机质和矿物质养分必须经过土壤微生物的分解才能被农作物吸收利用。土壤中绝大多数微生物都是好气性的，当土壤板结不通气、土壤中氧气不足时，微生物活动弱，土壤养分不能充分分解和释放。中耕松土后，土壤微生物因氧气充足而活动旺盛，大量分解和释放土壤潜在养分，可提高土壤养分的利用率。

（3）减少深层土壤水分散失。干旱时中耕，能切断土壤表层的毛细管，减少蒸发散失，提高土壤的抗旱能力。

（4）提高土壤温度。中耕松土，能使土壤疏松，受光面积增大，吸收太阳辐射能增强，散热能力减弱，使热量很快向土壤深层传导，提高土壤温度。对黏重紧实的土壤进行中耕，效果更为明显。

（5）抑制徒长。农作物营养生长过旺时，深中耕可切断部分根系，控制养分的吸收，抑制徒长。

（6）土肥相融。中耕可将追施在表层的肥料搅拌到底层，达到土肥相融的目的。此外，还可排除土壤中的有害物质，防止脱氮，促进新根大量发生，提高作物吸收能力，增加分蘖。

除草和定植

第四章　中耕管理

——搭建拱棚、制作蚯蚓塔

01 课程引言

大家对农田里随处可见的各色薄膜是不是已经习以为常了？在耕地上铺设农膜，种植蔬菜、水果等经济作物，可以增产3～4成。作为助推农业增收的新技术，农膜所带来的环境污染问题却日益突出。如何治理“白色污染”？攻克难题有哪些“技术革新”？我们能做什么？让我们带着问题开始今天的课程。

02 课程介绍

20世纪60年代，中国开始制造使用薄膜，如今，我国已经成为世界上使用农业薄膜最多的国家，其产量和覆盖率均居世界第一。但农业薄膜难降解、难回收，给环境带来很大压力，并产生了一系列环境污染问题。随着新技术的应用，我们的塑料薄膜技术已经有所提高，但是距离完全无害化还有一定差距。我们将主要围绕塑料薄膜在农业中的应用，让学生在学习劳动技术、体会劳动辛苦的同时，了解科技创新与技术创新对农业生产的重要影响。另外，通过制作蚯蚓塔，了解土壤中生物与微生物的重要作用。

课程课时：3课时　　**适用年级：小学五年级**

03 课程目标

一、劳动观念

1.通过学习农业生产及科技研发对人类生存重要影响的因素，以及亲身制作蚯蚓塔，认识到劳动创造价值、推进技术发展的作用。

2.通过了解土壤生态系统，认同生态可持续发展的理念。

二、劳动能力

1.了解塑料薄膜的发展历程、性能与现存问题。

2.理解小拱棚的构造、材料、作用、做法，学会搭建小拱棚。

3.了解土壤生物群落的意义，蚯蚓与土壤生态系统的关系，农药、化肥、机械耕作对蚯蚓生存的影响。

4.学会使用电钻，能够小组合作，完成蚯蚓塔的制作。

5.明确蚯蚓塔的使用方法。

三、劳动精神

通过搭建拱棚，践行吃苦耐劳、不怕脏、不怕累的劳动精神。

四、劳动习惯与品质

1.能够在搭建拱棚和蚯蚓塔的过程中，遵守劳动规范，按流程完成工作。

2.通过搭建拱棚时对间距、插土深度的把握，提升认真、专注的劳动品质。

3.在使用工具建造蚯蚓塔的过程中，提升劳动安全意识。

4.能在劳动结束后，将工具及材料清洁归位，逐步养成工完场清的劳动习惯。

5.每次劳动结束后，认真参与总结、反思，清晰、完整地填写学生手册。

04 教学准备

一、场地准备

制作小拱棚的区域、制作与安放蚯蚓塔的区域。

二、经验准备

在使用工具时，有一定的安全意识。

三、教具、工具和材料准备

活动内容	项目	物料名称
拱棚搭建	教具	各种不同透光性能的塑料薄膜
	工具	铁锹、手套、尺子
	损耗性材料	竹竿、手套、拱棚膜
蚯蚓塔制作	教具	已打孔的蚯蚓塔PVC管，蚯蚓身体结构图
	工具	电钻
	损耗性材料	VC管、蚯蚓、笔刷、丙烯颜料

05 教学实施

一、课程导入

说起现代农业，大家会想到杂交、无土、温室、机械化、设施农业、转基因技术、信息技术、卫星遥感等技术在农业中的应用。其中，设施农业中塑料薄膜的利用，在增加作物产量、利用土地资源和提高经济效益等方面发挥了极大的优势，也对现代化农业发展起着重要作用。

实施建议 强化对现代农业的认识。

二、安全教育

（1）在使用竹子时要戴好手套，防止扎手。

（2）在制作蚯蚓塔时需要使用电钻，须严格按照要求操作。

（3）工具使用后放回原处。

三、农耕实践

活动一：搭建小拱棚

•活动时间：60分钟

•活动重点与难点：

［重点］

1.塑料薄膜的重要作用与现存问题。

2.小拱棚的搭建方法与搭建要求。

［难点］按照规范的方法搭建拱棚。

•实践流程：

（一）认识塑料薄膜

1.塑料薄膜发展史　早在20世纪中期，美国、日本等发达国家就已经开始在农业生产中使用塑料薄膜覆盖技术，兼具保温、保水、防虫、防草作用的塑料薄膜覆盖技术很快就在农作物栽培中发挥作用，改善了农作物的生长发育条件，提高了产量，改善了品质，显著增加了农业生产的经济效益。

我国从20世纪60年代开始探索使用塑料薄膜，之后迅速在各地区、各个作物品种上推广使用。近年来，我国塑料薄膜产量保持在1 000万吨以上，2019年农用薄膜使用量为240.8万吨，其中地膜使用量占农用薄膜的57.27%。

塑料薄膜的使用效果已经被生产实践所证明，与此同时，塑料薄膜应用带来的问题也显露了出来。

2002年10月，英国《卫报》评出了“人类最糟糕的发明”，曾给人类生活带来巨大便利的塑料不幸“荣获”这一称号。绝大部分塑料垃圾无法被降解或循环利用，造成了触目惊心的“白色污染”。

塑料薄膜是一种很难降解的物质，可以在土壤中残存几百年，如果残膜清理不干净，随着残膜量的增加，会导致土壤板结、通透性差，阻碍水分流动，抑制根系生长，严重破坏土壤，从而造成农作物产量和品质的降低。除了直接对农作物生长环境造成影响，塑料薄膜残膜的增加还会增加田间耕作的难度，缠绕农机，造成施肥不均匀等情况。此外，燃烧塑料薄膜残膜会造成空气污染，而塑料薄膜中存在的邻苯二甲醛酯类化合物在渗透土壤后会毒害植物根系，被农作物吸收后还会影响人类的身体健康。

面对日益严重的白色污染，世界各国都在研究如何解决这一问题，可降解薄膜是目前研究的热点。光降解塑料薄膜的原理是某些高分子聚合物在太阳光的照射下会发生化学反应，引起大分子断裂和分解；生物降解塑料薄膜的原理是某些高分子聚合物在微生物的作用下会发生降解。此外，新型的可降解塑料薄膜的研究和应用已经展开，但由于成本过高，使用范围仍然较小。

实施建议 强调科学技术的两面性，加强辩证分析问题的能力。

2.农用塑料薄膜的性能和类型 塑料薄膜之所以可以在农作物栽培中发挥重要作用，与其性能直接相关。

首先是光学性能。透明塑料薄膜对于可见光的光质影响不大，透过量可以满足苗床的生长需求。同时，塑料薄膜对于紫外线的透过率较高，所以，在薄膜覆盖的高温高湿条件下，也不会导致植株徒长。其次是保温性能。塑料薄膜覆盖的热透率比玻璃要高，因而吸热、散热更快，昼夜温差也更大，采用隧洞形式进行覆盖，气温相对于露地可以提高5 ~ 10℃。另外，塑料薄膜的保湿性能突出，可以有效减少土壤的水分蒸发，增加土壤和空气的湿度。塑料薄膜的地膜覆盖使用方法还能有效抑制杂草的生长，保证农作物的肥料供应。

目前，棚膜产品在结构上向多层发展，在性能上向高透光、高保温、高强度、长寿命、持续的流滴期（流滴性好的棚膜能够最大程度降低棚膜结露现象，避免大量水滴凝结在棚膜上面反光）、防雾期、转光期、防尘期、防菌期等功能化和综合性能方面发展；地膜产品向保墒（保持土壤的一定水分，以利农作物生长发育）、增温、除草、防虫等功能化发展。

如今，发达国家已经开发出了光生态棚膜，可保留对作物生长有利的紫外光，将对作物有害的紫外光或绿黄光部分滤掉或转化为作物光合作用所需的蓝紫光和红橙光。可转紫外光范围广，转光光谱与光合作用吻合，转光寿命可长达180 ~ 300天，有明显提高农作物品质和减少病虫害的功能。

实施建议 树立劳动推动技术和科技发展的理念。

3.农用塑料薄膜的使用方法 农用塑料薄膜目前已经在全球范围内广泛使用，并且在农业生产中发挥着积极的作用。我国是世界上薄膜覆盖面积最大、涉及农作物品种最多的国家，除黄瓜、辣椒等常见的瓜果蔬菜以外，水稻、烟草等农作物也在使用地膜覆盖技术。塑料薄膜的使用方式主要有地膜覆盖、小拱形、塑料大棚、日光温室等。

（1）地膜覆盖。地膜覆盖就是将塑料薄膜直接根据作物需要铺在垄畦上（图4-1）。

（2）小拱棚。断面为拱形，比较稳固，其跨度一般为1～2米，高度在1米左右。除了塑料薄膜外，还需要相应的骨架，一般采用的是价格便宜、容易获得的竹子或木条（图4-2）。

（3）塑料大棚。多为拱形，跨度4～10米，高度2米左右，长度一般为40～50米，或依地块大小设计（图4-3）。

（4）日光温室。日光温室都有后墙，南北为半拱形，跨度6～15米，东西长50～150米，高度3.5～5米（图4-4）。

图4-1　地　膜

图4-2　小拱棚

图4-3　塑料大棚

图4-4　白光温室

4.塑料薄膜在农业生产中的作用

（1）传统农用塑料薄膜在农作物生产栽培中最主要的作用是保温和保湿。

（2）塑料薄膜还可以保护种子，避免种子被鸟虫啄食，从而提高存活率。

（3）使用塑料薄膜技术还可以改善农产品品质，延长农作物的生长期。温室塑料大棚可以改变农作物的栽培周期。

（4）一些新型材料制成的塑料薄膜以及着色的塑料薄膜可在防治病虫害方

面发挥重要作用，减少农药的使用量。

（5）塑料薄膜最大的作用是可以使作物增产。研究表明，不同的作物品种，使用塑料薄膜后可以提高产量20%～70%。

实施建议 劳动推动农业生产经验、理念的发展。

5.实操步骤

（1）认识不同棚膜的外观、性能区别和主要作用。

（2）了解主要材料，观看教师演示，学习制作小拱棚。

（3）领取材料，分配制作地块。

（4）测量尺寸，分工合作搭建小拱棚。

实施建议 熟知流程、严谨规范。

（二）学习搭建拱棚

1.理论讲解与示范

（1）小拱棚的支撑方式。小拱棚作为一种提高棚内温湿度的简易措施，多使用在春秋季节，主要应用于蔬菜提早育苗或提升抗冻能力。小拱棚也称拱形隧洞，在结构上，拱形断面比较稳固。

优点：造价低，骨架选材范围广，建造简单。

缺点：热容量小，夜间保温效果差，提早或延后种植时间短，应用范围小；内部空间小，不便于操作。

成本：建设成本较低，根据塑料薄膜的优劣，每亩为3 000 ～ 6 000元。

使用寿命：小拱棚当年使用完之后一般都会拆除，但第二年可以继续使用上一年用过的塑料膜，塑料膜的一般使用年限是两年，所以使用成本相当于塑料膜投入的一半。小拱棚的塑料膜可以回收，不会出现污染问题。

（2）劳动认知——搭建拱棚的材料与搭建方法。在开始搭建拱棚之前，我们先来认识主要材料：竹子可分为细竹竿和竹片，主要用于做小拱棚的骨架，韧性好、价格低。在使用竹竿的过程中要注意安全，防止竹竿反弹和竹片刺手。

搭建方法：我们搭建的小拱棚的跨度为1米，高度在50厘米左右，拱棚的长度是按照实际菜地的长度确定的，竹竿与竹竿之间的距离为80厘米。插竹竿时需要注意拱形顶点距离地面的高度要尽量接近1米。在覆盖棚膜时，要将塑料薄膜分别向两端和两侧拉紧，用铁锹铲土并压实周边土壤，以免被大风刮开，小拱棚的走向一般以南北为宜（图4-5）。

注意：小拱棚主要是提高地温，露天温度回升后可直接将小拱棚撤掉。以上数据提供参考，我们可根据实际种植作物的面积及高度对其小拱棚进行调整。

实施建议　总结经验，熟记操作标准及规范。

图4-5　小拱棚

2.学生操作练习

（1）1个小组（约6名学生）进行示范。

（2）2名学生将竹竿弯曲，插入土壤，完成小拱棚骨架的搭建。

（3）4名学生将塑料棚膜拉紧，另2名学生铲土，固定塑料棚膜。如果有风，可2个小组合作，多人拉拽塑料薄膜。

实施建议　熟知劳动操作规范和工具使用方法，认真观察实操。

3.重点难点解析

（1）小拱棚竹竿高度一致。

（2）塑料棚膜拉紧、拉平。

实施建议　安全第一、精益求精。

（三）搭建小拱棚

1.实践安排　学生分小组进行拱棚搭建，戴好手套，每组一捆竹竿，依次将骨架搭好，最后将塑料布盖上，挖坑、埋土，将塑料布固定好。

实施建议　在劳动实践中注意动作、步骤、工具使用的规范，及时反思优劣、纠正错误。

2.常见问题及纠正

(1) 在小拱棚的搭建过程中，骨架分布应均匀。由于每组所发物料是一致的，若骨架分布不均匀，会导致小拱棚覆盖的面积不够，需要拔了重新插。

(2) 查看竹竿是否结实，要求两边的竹竿插入土壤的深度相近、弯曲合理，看到弧度不合理的要及时纠正。

(3) 拉紧棚膜，不褶皱、不松垮，如果出现问题及时整改。

(4) 使用铁锹与竹竿时戴手套，注意安全。

(5) 保证拱棚膜边土压实、无漏缝。

实施建议 合理规划、执行到位，强化操作标准及规范操作的重要性。

3.习惯养成

(1) 在活动中能够积极配合，养成遇到问题有效沟通的劳动习惯。

(2) 做事有条不紊、不慌乱，养成耐心、细心、严谨的劳动习惯。

(3) 养成工完场清的好习惯。

实施建议 培养协作沟通、合作共赢的劳动精神和耐心、细心、严谨的劳动态度。

主题二：制作蚯蚓塔

•活动时间：60分钟

•活动重点与难点：

[重点]

1.蚯蚓对土壤的重要作用。

2.正确使用电钻。

[难点] 按照规范制作蚯蚓塔

•实践流程：

(一) 了解土壤知识

1.土壤是活的生物群落　土壤是地球表面有生命活动的疏松表层，也被称为地球的皮肤。土壤是自然界最复杂的生态系统之一，土壤中生存着世界四分之一的生物，包括脊椎动物、蚯蚓、线虫、螨虫、昆虫、真菌、细菌等，在1米^{2}的森林土壤中可发现超过1 000种无脊椎动物。

植物是土壤中的第一营养级，线虫、真菌和细菌为分解者，依生生物、病原体或寄生食根者等是第二营养级。这些土壤生物在土壤生态系统中发挥着重要作用，它们可以保护土壤结构，调节土壤水分，促进有机质分解，抑制害虫、寄生虫和疾病，用于气体交换和碳封存等。

俄国科学家道库恰耶夫提出，土壤是成土母质、气候、生物、地形和时间的产物，五大因素缺一不可。在不同气候下，成土母质被动植物、微生物、水一起改造，最终形成土壤。动植物被微生物分解合成的物质称为土壤有机质，有机质是衡量土壤肥力高低的一个重要标志。

2.蚯蚓与土壤生态系统的关系　土壤生态系统在国际研究上越来越受重视，而蚯蚓就是其中的代表物种。

蚯蚓这种柔弱而坚韧的小动物与健康的土壤关系密切。蚯蚓对于农地的贡献包括三个方面：

第一，蚯蚓的进食与排放促进了有机质的矿化作用，促使有机质被分解成更小的形式，从而更易被植物吸收。蚯蚓之所以被誉为“清道夫”，就是因为它们会吃植物的残体、有机质碎屑，最后变成蚓粪排出。

第二，蚯蚓会在土中钻洞，制造土壤中的隧道和孔隙，粉碎板结的土块，改善土壤的通气性和排水性，从而改善了土壤的物理性质。如此一来，作物的根就比较好生长了，因为已经有蚯蚓开好路了。

第三，蚯蚓粪的水稳性团粒结构为土壤物理特性的改良提供了极大的帮助，蚯蚓本身含有的微生物群也改善了土壤微生物种类。

蚯蚓一向被视为农田的好帮手，也是大地的清道夫，增加蚯蚓数量，对土地好、对环境好。蚯蚓粪是唯一不用发酵就能直接使用的粪便，肥力温和，没有刺激性，不会烧灼植物的根系，对于植物生长极为有利。经常使用蚯蚓粪作为肥料，可以很好地改良土壤的松软度。

实施建议　善于探索与发现事物之间的联系是技术提高的前提条件。

3.农药、化肥、机械耕作对蚯蚓生存的影响　实验室的研究显示农药大多对蚯蚓不利。田野研究结果也显示，农药会严重降低蚯蚓的存活率、丰度、多样性、生殖力，以及生存所需的各种行为，例如益达胺、氯氧化物和有机磷系列的杀虫剂，都会抑制蚯蚓的生长。

农药对蚯蚓的伤害不只是死亡这么简单。乍一看，农药对蚯蚓的急毒性并不高，其实，慢性毒性会蚕食蚯蚓族群。农药不仅会引发蚯蚓生长、生殖及构造上的异常，在摄食、活动、钻穴、排粪、分解植物残体、躲避危害以及呼吸的各种行为上都具有广泛的不良影响。

过量施用化肥也可能会对蚯蚓和其他土壤动物有严重伤害。尤其是施用过量的硫酸铵，会使得土壤酸化，让土壤的化学性质、物理性质，以及土壤中的微生物恶化，蚯蚓在不健康的土壤中也难以存活。不仅如此，蚯蚓以外的其他土壤动物大概也都苟延残喘。

耕犁打田、用重机械把土壤压实等也会影响蚯蚓多样性和密度。有研究显示，在连续5年耕犁的土地中，蚯蚓数量降低了70%。另有研究结果显示，25年的传统耕犁，使得土地中蚯蚓数量仅存11%～16%；而在不耕犁的土地中，蚯蚓数量是惯行耕犁土地中的30倍。

实施建议 科学认识技术的影响力。

（二）了解蚯蚓

1.蚯蚓的生物学特征　蚯蚓是一种常见的陆生环节动物。雌雄同体，但需异体交配受精才能繁殖，寿命一般为1～3年。蚯蚓生活在土壤中，昼伏夜出，以土壤中的动植物碎屑、腐败有机物为食，连同泥土一同吞入，也摄食植物的茎叶等碎片。

根据存活的土壤深度，可将蚯蚓分成三种类型：表层型、底层型、贯穿型。表层型蚯蚓住在土壤表面，很容易在枯枝落叶堆中发现它的身影。底层型蚯蚓住在土表下30厘米以内，通常横向移动。贯穿型蚯蚓的隧道则是直直的一条，深度可达100厘米，这种蚯蚓通常体型较大，也比较强壮。

蚯蚓一般喜欢栖息在阴暗、潮湿、温暖、通气、中性的土壤中和安静的环境下，怕光、怕水浸、怕震动、怕盐水和盐土等。

蚯蚓在5～35℃的温度范围内能够正常活动，5℃以下进入休眠状态，35℃以上则停止生长，40℃左右则容易死亡，10℃以下活动迟钝，最佳活动温度为20℃。

世界上的蚯蚓种类约有2 500种，中国已记录了229种。

2.蚯蚓的形态结构　蚯蚓的形态结构见图4-6。

3.蚯蚓对农业的帮助　蚯蚓以有机物为食，能将生态系统中的有机物变成无机物，供给绿色植物再利用。同时，由于蚯蚓经常在地下钻洞，可疏松土壤，易于水分和肥料的进入，从而提高土壤的肥力，改良土壤结构，有利于植物的生长，促进农业增产（图4-7）。

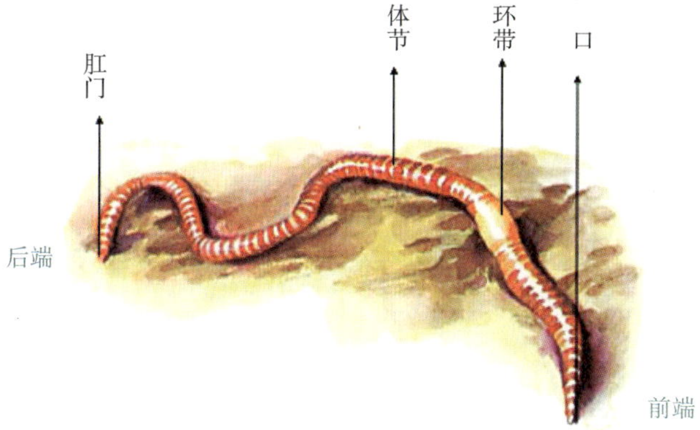

图4-6　蚯蚓的形态结构

图4-7　土中的蚯蚓

4.实施步骤

（1）认识、观察蚯蚓，互动讲解。

（2）学习使用电钻，了解孔间距。

（3）领取工具与材料。

（4）小组合作，完成蚯蚓塔的制作。

（5）装饰与安置蚯蚓塔。

实施建议　丰富的知识与充分的研究是正确给出解决方案的重要前提。

（三）学习建造蚯蚓塔

蚯蚓塔的基本设计概念为：容器的侧面要有孔洞；埋在地下；盖上盖子，保持内部黑暗湿润。

1.制作蚯蚓塔的材料

（1）直径15厘米左右的PVC管，长度1米左右。注意不要用透明的管道，蚯蚓非常害怕紫外线，阳光照射15分钟就会有66%的蚯蚓死亡，照射20分钟则100%死亡。

（2）铲子和电钻。

（3）红蚯蚓。红蚯蚓可以加工大量有机物质，也可以称其为堆肥蚯蚓，在市场上很容易买到。当然也可以不准备蚯蚓，当塔内有食物且环境适合时，土壤中的蚯蚓自然会愿意留在这里并慢慢繁殖（图4-8）。

图4-8　制作蚯蚓塔的材料

（4）蚯蚓食物，如蔬菜、水果废料，园内的树叶、杂草废料等。

（5）寻找周边最易获得的材料作为蚯蚓塔的顶，比如小盆、花盆底托等。

实施建议　知道劳动准备的重要性。

2.学生操作练习

（1）学习使用工具。使用手电钻时，要用力压紧，但又不要用力过猛，发现电钻转速降低时，应立即减轻压力，否则会造成刃口退火或损坏手电钻。在使用过程中，一定要固定住要打孔的物体，固定时可选择用脚踩着，也可以用台钳固定，但不能用手扶（图4-9）。

实施建议　总结经验、强化操作标准及规范。

图4-9　使用手电钻

（2）制作步骤及方法。

①在1米的PVC管的一端量出30厘米左右的长度并做标记，然后用电钻随机在这段上钻孔，钻孔是为了方便蚯蚓进出，孔的距离为2～3厘米，孔直径0.7厘米（图4-10）。

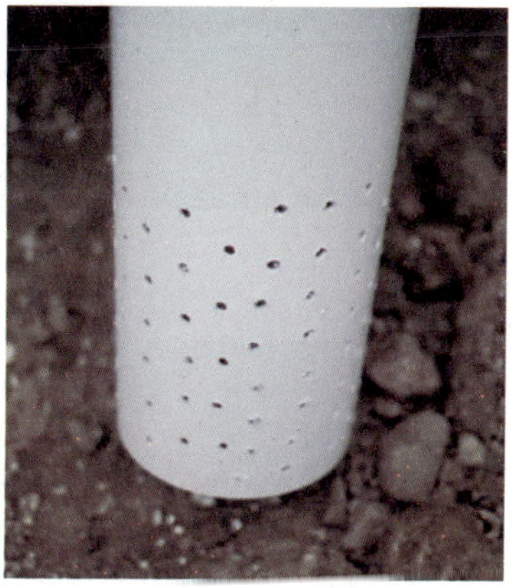

图4-10　PVC管

②美化蚯蚓塔。发挥想象力和创造力，用丙烯颜料为蚯蚓塔画上美观的图案。

③在菜园中选一个光线相对较暗的位置开始挖洞，洞深至少30厘米，这样我们才能把钻孔的部位全部埋进去。

④洞挖好后，把PVC管竖直埋在土里，捂实PVC管外围的土，使其足够稳固，但是不要在管子内填土，要为食物留足空间。

（3）喂食蚯蚓的注意事项。

①可投放的食物：野草、枯萎的植物等。

②不可投放的食物：食肉动物的粪便（比如猫或者狗粪）、含油或动物蛋白的熟食（比如猪肉、鱼肉等）、不可降解的塑料、玻璃、金属，以及有刺激性气味的柑橘类、洋葱、韭菜等。

③不管体积大小，都不能匆忙填满一个蚯蚓塔，蚯蚓的进食量有限，要防止出现因长期堆积而发生腐烂的情况。

④给蚯蚓塔做个盖子，避免雨水进入，比如将小花盆、大花盆扣在上面(图4-11、图4-12)。

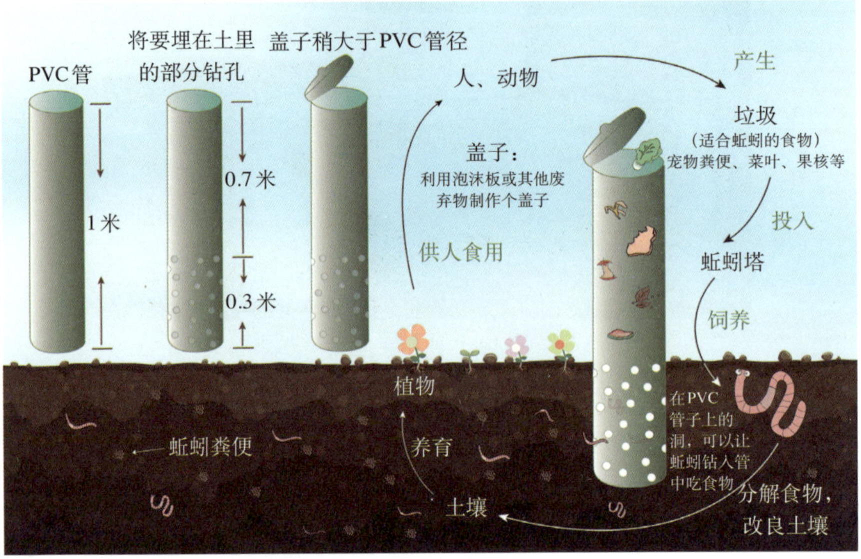

图4-11　制作蚯蚓塔的过程

图4-12　蚯蚓塔制作实际图

(4) 制作注意事项。

①为防止蝇虫滋生，应加盖保护。

②观察蚯蚓吃食情况，避免一次性大量投喂。

③防止温度过高，将容器放置在阴凉通风处。

④防止积水，影响蚯蚓的正常生活。

3.重点难点解析　制作蚯蚓塔时，控制电钻打孔时的力度，打孔距离符合相关要求。

（四）建造蚯蚓塔

1.实践安排

（1）领取制作蚯蚓塔的工具和材料。

（2）确定打孔位置并打孔。

（3）装饰蚯蚓塔表面。

（4）安装蚯蚓塔并投放蚯蚓和食物。

2.常见问题及纠正

（1）每组一个电钻，在工具使用中避免出现争抢、拥挤的情况。

（2）注意钻孔数量要足够多。

（3）注意埋放位置的准确性，应放在阴凉、通风、防积水处。

实施建议　操作严谨规范，工具使用正确安全。

3.习惯养成

（1）认真观察教师示范。

（2）正确使用电钻，遵守安全使用规定。

（3）按照要求的步骤、方法和技术规范进行操作。

（4）每项劳动实践结束后，注意工完场清。

四、成果验收

•活动时间：15分钟

•活动说明：组织学生验收劳动成果

五、反思交流

•时间：30分钟

（一）学生劳动小结

劳动完成后召集所有学生，先进行5分钟小组内分享，再由各组推举1～2人进行集体分享，包括劳动过程中的发现、感受、问题或创新。

（二）教师点评

教师对劳动过程、分享过程中出现的问题进行总结点评，主要包括学生是否能够清晰地表述劳动细节、能否发现问题、是否总结得合理全面等。

（三）经验反思、观念纠正

教师可以对当天学生的表现和事件进行梳理、例证，比如活动中有哪些学生遵守劳动规范、认真听讲、有创新意识、负责任、能帮助同学、有安全意识和良好的劳动习惯等。主要鼓励合作、努力、勤奋、乐观、探索等正面的劳动品质和精神，并对负面的观点和情绪进行非指责性的正向引导，纠正错误的劳动观念。

（四）评选先进

1.评选劳动小标兵　根据个人评价表的分数，评选出劳动小标兵。

2.评选劳动先进小组（优秀班级）

（1）汇总、公布成果验收的分数。

（2）颁发优秀小组奖章。

（3）组织学生参观优秀小组的劳动成果。

（4）对优秀小组的优势进行讲解，让其他组明确需要改进的地方。

3.劳动标兵评价标准　由个人、组内成员、教师分别评价后汇总表格分数。

学生评价表

评价维度	评价				
	评分内容	分数	自评	互评	师评
劳动观念	认识到劳动创造价值	10			
	认同身体可持续发展的理念	10			
劳动能力	了解塑料薄膜的发展历程、性能与现存问题	5			
	理解小拱棚的构造、材料、作用、做法，学会搭建小拱棚	5			
	了解土壤的生物群落意义，理解蚯蚓与土壤生态系统的关系以及农药、化肥、机械耕作对蚯蚓生存的影响	5			
	学会使用电钻，能够小组合作制作蚯蚓塔	10			
	明确蚯蚓塔的使用方法	5			
劳动习惯与品质	遵守劳动规范，按流程完成工作	5			
	在搭建小拱棚时，认真、专注地完成测量竹竿间距、确定插土深度等工序	5			
	在使用电钻建造蚯蚓塔时，有安全意识	5			

（续）

评价维度	评价				
	评分内容	分数	自评	互评	师评
劳动习惯与品质	能在劳动结束后，将工具及材料清洁归位，逐步养成工完场清的劳动习惯	5			
	每次劳动结束后，认真参与总结、反思、清晰、完整地填写学生手册	5			
劳动精神	吃苦耐劳、不怕脏不怕累	10			
	诚实劳动、积极探索、崇尚科学	10			
总分		100			

4.优秀小组评价办法

（1）组建优秀小组成果验收小组，小组成员由教师和学生代表（每组1名）组成。

（2）评分方式：成果验收小组给各组的劳动成果打分，小组成员评价和教师评价各占总分数的50%，汇总得分后选出优秀小组。

备注：评价期间，其他小组成员可做一些劳动收尾或总结工作。

5.优秀集体评价标准　随队校领导、场地管理人员进行巡视评选，每月评选或两月评选一次。

评价表			
			○优秀小组/○优秀班级
评价维度	评分内容	分数	评分
劳动态度	积极参与，热情投入	10	
	氛围融洽，团队成员积极沟通配合	15	
劳动能力	安排合理，分工明确，有效协作	15	
	在劳动过程中积极探索，提升效率	10	
劳动习惯	工具使用规范	10	
	劳动步骤正确	5	
	能做到工完场清	10	
劳动精神	积极肯干、吃苦耐劳	15	
	脚踏实地，诚实劳动	10	
总分		100	

六、榜样激励

•活动时间：20分钟

“塑料大棚之父”赵鸿钧

1953年，刚刚考上山西农学院（现山西农业大学）的农家子弟赵鸿钧为了节省口粮，承包了学校的一块菜地，然而第一年冬天，他精心侍弄的菜苗全被冻死了。他思考并尝试着用一块旧塑料布给自己种植的韭菜地盖上了“被子”，塑料布的四周用泥土压实。经过一段时间的观察，赵鸿钧发现，用塑料布将土地盖起来后，地温可以提高1～9℃。他当即回到家乡山西孝义，开始进行种植试验，结果实验农作物长势喜人，全部提前收获，他这一发现后来被称为“太谷地膜”。

1964年，他向农业部正式提出建议，应在全国范围内立即开展薄膜覆盖栽培作物的研究和生产，首次提出了地膜覆盖、小拱棚覆盖、大棚覆盖等17项应用，同时附上了他设计的一面坡式和悬梁吊柱式竹木结构大棚的图纸。同年，赵鸿钧教授开始了“塑料大棚万里行”推广活动，足迹遍及29个省、市，培训人员500万人次。中国农业界泰斗、中国农业科学院前院长金善宝曾说：“南有袁隆平，北有赵鸿钧，一个解决了粮食问题，一个解决了吃菜问题；一个是杂交水稻之父，一个是塑料大棚之父，都是我国农业界的大功臣。”

通过赵教授的不懈努力，塑料大棚在全中国普及开来，跨平原、上高山，去青海、到西藏，在高达5 000米的原野上，人们第一次看到农作物于高寒中生根发芽。到1980年，赵鸿钧推广的大棚占到了全国的80%。早在2014年，我国已经实现人均蔬菜占有量500多千克，跃居世界第一，这背后少不了赵鸿钧教授的努力。

如今，通过塑料大棚技术，我国作物栽培可以在任何季节进行，寒冬时节，人们依然能在超市挑选到换季蔬果，尤其是在寒冷的北方，人们再也不用为在冬天吃上新鲜蔬菜而发愁了。已到耄耋之年的赵教授仍在为塑料大棚的普及而奔走，继续为祖国贡献着智慧与力量，永不止步。

七、意识提升与激励

科技技术提高了农产品的产量与品质，也让我们认识到了生态系统中各种生物的重要性，从而更多地采取可持续发展的农业种植策略。现在，越来越多的农业科学家、返乡青年们在全国各地进行可持续农业的生产实践，他们不但有着科学的技术背景，也有着从事农业的奉献情怀。在可持续发展的大势之下，我们的环境、农业种植技术，一定能够既继承中国优良农耕传统，又开创新的科技征程，农业高科技之路会越走越宽广。

八、课外劳动实践任务

根据学习情况，进行拓展训练。

要点摘记

搭建拱棚与制作蚯蚓塔

第五章　果菜类蔬菜
——定植、引蔓与疏花疏果

01 课程引言

农谚说："茄子没脖，黄瓜露坨。""茄子没脖"中的"没"是个多音字，在这里读mò，意思是"埋没"。这句话按字面来解释就是在种植茄子时，要一直埋到齐脖子处，这个脖子是个形象的说法，也就是要埋得很深。而在种植黄瓜时，埋的深度不要超过用来保护种苗的土坨的高度，也就是埋得要比茄子浅多了。茄子栽深，易于缓苗，不易倒伏；黄瓜属浅根系作物，对透气性要求较高，所以，黄瓜定植时宜浅栽，不宜深栽。种植不同作物有不同的讲究，我们要科学种植。

02 课程介绍

在我们食用的蔬菜中，有一大部分属于果菜类蔬菜。相对于叶菜类蔬菜来说，大部分果菜类蔬菜需要更高的生长温度和更长的生长期。本章将学习果菜类蔬菜的特性和定植的方法，实践操作番茄定植；学习引蔓生长相关知识，实践搭架劳作；学习疏花疏果，并实际操作。

实施建议　理解劳动创造价值、创造美好生活的价值观念。

课程课时：3课时　　**适用年级：初中二年级**

03 课程目标

一、劳动观念

学习果菜类蔬菜的特性和疏花疏果的方法，进行蔬菜定植和搭架，树立劳动创造价值的观念，明白劳动成果来之不易的道理。

二、劳动能力

1.掌握果菜类蔬菜的特点。
2.做好定植前的准备工作，明确定植要求，能够按要求操作。
3.学会扎蔓及搭人字架的方法。
4.掌握疏花疏果与保花保果的知识。
5.学会一种当季作物疏花或疏果的方法。

三、劳动精神

在定植、扎蔓、搭架、疏花疏果的过程中，培养不怕脏、不怕累、克服困难、积极探索的精神。

四、劳动习惯与品质

1.遵守劳动规范的要求，按流程工作。
2.爱护工具和设备，用完后及时清洁归位、合理摆放。
3.及时回收耗材，整理后有序存放，养成劳动后整理场地的劳动习惯。
4.积极参与总结与讨论，学生教材表格填写清晰、完整。
5.主动沟通，有合作意识，劳动氛围融洽。

04 教学准备

一、场地准备

确定分配地块，活动前平整场地。

二、经验准备

基本农具的使用方法。

三、教具、工具和材料准备

活动内容	项目	物料名称
了解果菜类蔬菜与定植	教具	无
	工具	铁锹、锄头、小铲子
	损耗性材料	番茄苗、草木灰、腐熟的有机肥（猪粪、羊粪、鸡粪等）、过磷酸钙
引蔓生长	教具	无
	工具	竹竿或木棍、麻绳、剪刀、剪枝剪
	损耗性材料	无
疏花疏果与保花保果	教具	无
	工具	剪刀、麻绳
	损耗性材料	无

05 教学实施

一、课程导入

自然界中，只有部分果实能被人类直接食用，我们常吃的果类蔬菜，有的直接生食就很好吃，有的则更适合烹饪后食用。在果菜类蔬菜中，很多都是外来物种，比如，黄瓜、豌豆是在西汉时期由张骞从西域引入中国的；番茄是在明朝万历年间，由欧洲或东南亚传入两广地区的；辣椒原产于南美洲，是在大约明万历年间被作为观赏花卉传入中国的；南瓜原产于南美洲，在明代从葡萄牙传入中国。

二、安全教育

1.搬运劳动工具时要注意安全。

2.使用劳动工具注意与同伴间的安全距离。

3.注意工具放置位置，不要被绊倒或发生磕碰。

4.在拿放竹竿时，防止碰到周围的同学。

三、农耕实践

主题一：果菜类蔬菜与定植

•时间：45分钟

•重点与难点：

［重点］果菜类蔬菜的特点及定植方法。

［难点］定植蔬菜。

•实践流程：

（一）果菜类蔬菜及特性

1.果菜类蔬菜的分类　果菜类蔬菜包括茄果类、瓜类和豆类，它们供食用的部分是果实和幼嫩的种子。

茄果类蔬菜，如番茄、辣椒、茄子等，含有多种维生素，是我们日常生活中不可或缺的。豆类蔬菜，如扁豆、长豆角、四季豆、豌豆等，蛋白质含量很高，对人体有着非常重要的作用。瓜类蔬菜主要有南瓜、冬瓜、北瓜、苦瓜等。

2.果菜类蔬菜的特性　果菜类蔬菜在生长发育方面有一些共同的特性。

（1）果菜类蔬菜的根系比较发达，一般纵深可以达到50～60厘米，深者可以达1米以上，因此有一定的耐旱力。特别是番茄作物，极易发生侧根，育苗移栽后，植株缓苗较快。

（2）果菜类蔬菜的茎属于蔓性或半蔓性，长季节栽培需要搭架或采用吊架，有些品种侧枝发生能力强，需要进行一定程度的整枝。

（3）果菜类蔬菜的叶片表面都有绒毛，特别是番茄的叶片，由羽状复叶组成，比较耐旱。

（4）果菜类蔬菜的生育期较长，并且大多数品种属于无限生长类型，即只要条件合适，就可以持续生长。生育期内，植株的营养生长和生殖生长并进，需不断协调，达到生长平衡。

（5）果菜类蔬菜的苗期比较长，一般在50天以上，如果条件不太好，可能需要60～80天，有的甚至更长。因此，想要提早采收，延长采收期，必须进行育苗。

(6) 黄瓜、甜瓜、西瓜等瓜类蔬菜的生长发育也有一些相同特点，如瓜类蔬菜的根系木栓化发生较早，断根及受伤后，根系再生能力差，缓苗时间长，在生产上宜采用直播，若育苗，应该采用保护根系的育苗方法，即进行护根育苗，并且把握“移早、移小”的原则；除了黄瓜外，其他瓜类的根系比较发达，为直根系作物；瓜类蔬菜属于蔓性植物，茎中空，可以产生不定根。

(7) 果菜类蔬菜可以爬地栽培或搭架栽培，大多数分枝能力强，要进行整枝工作。

(8) 瓜类蔬菜具有连续开花结瓜的特点，为防止下位瓜对上位瓜的抑制作用，应适时采收。

(9) 很多果菜类蔬菜为雌雄同株异花作物，黄瓜有孤雌生殖特性，即不通过受精可以进行单性结实，苗期进行花芽分化，通过环境条件可以改变雌雄花的数量和节位。

(10) 果菜类蔬菜适宜的生长温度为25～35℃。

3.实施步骤

(1) 确定需要定植的作物。

(2) 清理地块并翻地。

(3) 平整土地。

(4) 打垄，做畦。

(5) 定植蔬菜。

(二) 定植温度要求、时间及深度

由于果菜类蔬菜相对于叶类蔬菜价值高，且生长周期长，所以大多采取育苗定植的方法。对于先育苗后移栽定植的果菜类蔬菜来说，移栽定植是它们重新适应生长环境、重新生长新根的一个新阶段。如果在移栽定植前后管理不当，会经常遇到定植后缓苗慢、生根慢、生长慢、发棵晚的问题，严重时还会出现苗子萎蔫、成活率不高以及大量死苗的情况。

1.移栽定植的温度条件　果菜类蔬菜在土温15～23℃、气温18～28℃的温度环境中才能顺利地生长出新根，定植苗新根长不出来，会导致蔬菜不成活、不生长。

如果定植过早、温度过低，定植苗的根系就会因为不能正常生长出新根而出现苗子萎蔫、缓苗迟缓的问题，严重时还会造成幼苗冻害或定植苗死亡。反

之，如果定植过晚、温度过高，既容易造成苗期发生旺长，也容易导致苗中的水分大量蒸发，此外，还会缩短果类蔬菜的生长发育期，造成后期减产。

一般来说，在移栽定植春季类瓜果蔬菜时，不论是露地种植，还是棚、室内种植，定植时，要确保气温稳定在16℃以上、土温达到13℃以上，移栽定植时的最低温度不可低于12℃；定植一周内，在管理上以保温、保湿为主，促进缓苗，缓苗期间，将温度控制在白天28 ~ 30℃、夜间15 ~ 18℃，有利于定植苗缓苗和成活；缓苗成活后，适当降低2 ~ 3℃且适度拉大昼夜温差进行蹲苗，以此来促进根系发达、苗株健壮，蹲苗时可以把温度调控在白天25 ~ 28℃、夜间12 ~ 15℃。

除此之外，如果定植后温度比较低，要通过在地面撒盖秸秆稻草或覆盖薄膜的方法来提高土壤保温、保墒、保湿的能力，促进定植苗根系的生长发育，从而达到缓苗速度快、成活率高的目的。

2.移栽定植的时间与天气　果菜类蔬菜的春季移栽定植时间一般要等到3—4月气温回升且晚霜过后，具体还要看南北方各地的回温状况和气候状况。

进入适合定植期后，应当尽量选择连续2 ~ 3个晴好天气后的下午进行。如果天气不稳定又不得不移栽定植，也应当选择“冷尾晴头”的天气，如果未来几天有大幅降温，不可进行瓜果蔬菜苗的移栽定植，也不可在中午高温强光时进行移栽定植。除此之外，在阴云天气或雨后进行瓜果蔬菜苗的移栽定植，比较有利于定植苗的缓苗成活。

在进行瓜果蔬菜苗的移栽定植时，要尽量选择中午过后或下午。若上午定植，中午温度高且阳光强烈，容易导致定植苗体内的水分过量蒸发；而下午定植幼苗体内的水分蒸发量比较少，可以较好地保护定植苗。在中午高温强光时不可进行瓜果蔬菜苗的定植，否则容易造成苗体水分大量蒸发，菜苗过度脱水、急剧萎蔫甚至死棵。

3.移栽定植的基本方法　移栽定植果菜类蔬菜，如果定植过深，容易造成定植苗生根与扎根不良、生长迟缓、沤根与烂根、死苗死棵等问题；反之，如果定植过浅，容易造成幼苗根系裸露受旱、高温强光直射、新根生长困难、脱水萎蔫甚至苗株枯死等问题（图5-1）。

因此，掌握好果菜类蔬菜苗的定植深度，会直接影响幼苗定植后的缓苗质量与成活率。那么，在进行果菜类蔬菜移栽定植时，栽种多深最合适呢？

一般来说，蔬菜定植的深度为8 ~ 15厘米（具体要看作物类型、苗龄与苗子的大小），注意“上部土不埋苗心，下部地面不裸露根”。除此之外，春季

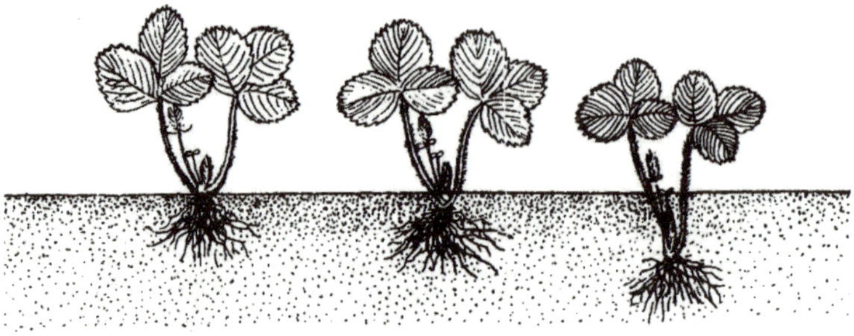

图5-1 移栽定植深度示意图

和冬季移栽定植深度略浅一点有利于苗子尽快缓苗生根，而夏季和秋季移栽定植深度略深一点有利于保护幼苗安全生长。

为了保护幼苗的根系、促进幼苗在定植后更快地缓苗和成活，要采取带土起苗、带土定植的方法，即起苗前先浇起苗水，从根部带土起苗，在移栽定植苗子时，把苗带土一起栽种到定植穴内，苗子栽种的深度为幼苗根部的土坨与地面或畦面齐平。

瓜果蔬菜带土起苗、带土定植的方法既有利于缓苗成活，也能降低瓜果蔬菜苗期断根造成的各类病虫害的发生率。

（三）番茄定植

1.番茄定植的方法　番茄不能进行连作，连作就是连续重复在同一地块上种植相同作物。连作容易引发病虫害，番茄一般应该和非茄科植物轮作。首先，选择土层深厚、排水良好、土质肥沃的地块进行栽培。选择好地块后，要进行翻耕，翻耕深度一般在30厘米左右，翻耕后起垄。

番茄根系相对比较强壮，多分布于30厘米的土壤之中，同时，番茄的生长周期又比较长，在番茄生长过程中，对番茄根系的保护十分关键，所以，建议种植番茄时最好采用起垄种植的方式。

起垄种植可以提高土壤的透气性，并且能快速发根返苗，避免番茄中后期根部病害的发生，如果是露地种植，还可以避免大雨造成的漫灌伤根。

番茄起垄种植建议垄面70厘米宽，垄高10厘米，垄沟上部40厘米宽。番茄定植于垄面两侧，一般每亩栽种2 900棵左右，株距控制在35厘米左右。

在番茄定植时，垄面两侧挖的定植穴可以错开排列，意思就是一侧的定植穴处于对面一侧两棵定植穴之间的位置，这样更利于番茄叶片的展开。

在翻地前要施底肥。番茄底肥配方为每亩施入20千克钾肥或者80千克草木灰、1 000 ~ 1 500千克腐熟的有机肥，可以选择猪粪、羊粪、鸡粪等，配合施入25千克过磷酸钙。施底肥时可以采取撒施的方式，均匀撒于地表，按一亩地的施肥量平均计算小块地块所用肥量（图5-2）。

图5-2　施底肥

实施建议　按每亩施肥量计算1米^{2}范围内的施肥量，先在1米^{2}范围内尝试撒肥、翻耕与打垄操作。1亩约等于667米^2，若每亩施有机肥4 000千克，则每平方米施6千克。

2.操作练习

（1）清理土地杂草。

（2）施底肥。

（3）翻地。

（4）平整土地。

（5）打垄。

（6）定植番茄。

3.重点难点解析　查找资料，确定相应作物的定植要求，包括施肥、翻地、打垄、行距、株距等，先在1米^{2}范围内尝试操作，教师确认后，再开始整体工作。

（四）整地与定植番茄

1.实践安排　约6人一组，先一起清理土地，然后撒肥，分6行一起翻地并平整，再安排4人打垄、2人做田埂，之后再分行定植。

2.常见问题及纠正

（1）田埂与垄不顺直。可以采取拉绳的方式，按线来打垄做田埂。

（2）定植深度不符合要求，行距株距不一致，苗栽不稳固。初步尝试操作时，教师给予指导，确认操作是否正确。

3.劳动习惯养成

（1）完成工作，清洁用具。

（2）整理场地，交还用具。

（3）积极参与，相互配合。

主题二：引蔓生长

•时间：1小时

•重点与难点：

［重点］植株调整的概念与作用，引蔓、绑蔓与搭架的方法。

［难点］为瓜类或豆类引蔓、绑蔓、搭架。

•实践流程：

（一）搭架、绑蔓与落蔓

植株调整是在果菜类蔬菜种植生产中，通过采取整枝、引蔓、摘心、疏花、疏果、摘叶、压蔓、绑蔓、落蔓、搭架等操作，调整植株的有关器官，调节植株生长、发育的进程，控制营养生长和生殖生长，从而促进形成更多、更好的食用部分，并协调其相互关系的一种技术措施。

1.搭架

（1）搭架步骤。对蔓性蔬菜均采用支架栽培。支架用的材料有竹竿、高粱秆、荆条、树枝等，可就地取材。

第一步：选架材。选用直径约2厘米、高1.7～2米的竹竿。

第二步：插架条。竹竿下端距离果菜类根部5～10厘米，插在垄的外侧，插入土中的深度约20厘米。

第三步：搭架。若竹竿垂直地面，每垄竹竿上端再绑扎一横杆，构成棚架。若竹竿与垄面呈一定角度，将两相邻垄中相对应的竹竿与横杆绑扎在一起，构成人字架。

第四步：引蔓、绑蔓。搭好架后，将果菜类茎蔓沿架面引蔓上架，之后，在每穗果下方都绑一次蔓。

（2）搭架分类。搭架的主要作用是使植株充分利用空间，改善田间的通风、透光条件。搭架必须及时，宜在倒蔓前或初花期进行。浇灌定植水、缓苗水及中耕管理等应在搭架前完成。

①单柱架。在每一植株旁插一架竿，架竿间不连接。单柱架架形简单，适用于分枝性弱、植株较小的豆类蔬菜（图5-3）。

②人字架。在相对应的两行植株旁相向各斜插一架竿，上端分组捆紧，再横向连贯固定，呈“人”字形。此架牢固程度高，承受重量大，抗风能力强，适用于菜豆、豇豆、黄瓜、番茄等植株较大的蔬菜（图5-4）。

图5-3　单柱架

图5-4　人字架

③圆锥架。用3 ~ 4根架竿分别斜插在各植株旁，上端捆紧，使架呈三脚或四脚的锥形。这种架形虽然牢固可靠，但易使植株拥挤，影响通风、透光，常用于单干整枝的早熟番茄以及菜豆、豇豆、黄瓜等（图5-5）。

④篱笆架。按栽培行列相向斜插架竿，编成上下交叉的篱笆。这种架形支架牢固，便于操作，但费用较高，搭架也费工，适用于分枝性强的豇豆、黄瓜等（图5-6）。

图5-5　圆锥架

图5-6　篱笆架

⑤横篱架。沿畦长或在畦四周每隔1 ~ 2米插一根架竿，并在1.3米高处横向连接，茎蔓呈直线或圈形，引蔓上架，并按同一方向牵引。该架型光照充足，适于密植，但管理较费工，适用于单干整枝的瓜类蔬菜（图5-7）。

图5-7　横篱架

⑥棚架。在植株旁或畦两侧插对称架竿，并在架竿上扎横杆，再用绳、杆编成网格状，有高、低棚两种。这种架形适用于生长期长、枝叶繁茂、瓜体较长的冬瓜、长丝瓜、长苦瓜、晚黄瓜等（图5-8、图5-9）。

图5-8　棚　架

2.绑蔓　绑蔓就是将茎蔓固定在支架上，使植株排列整齐、受光均匀，同时，调节植株生长，使长势均衡，结果部位比较一致，管理方便。绑蔓应分次进行，番茄一般在每穗果下面都绑一次蔓，第一道蔓绑在第一穗果下面的第一片叶下部，以上各层都如此；瓜类一般每隔3 ～ 4节绑一次蔓。

绑蔓常用的材料有马蔺草、麻皮、塑料绳、布条、废旧棚膜等。绑蔓时注意不要碰伤茎、叶、花、果，把果穗绑在支架的内侧，避免损伤果实和日灼病的发生。要注意调节松紧，下部捆绑应松一些，给主茎逐渐加粗留有空间。当植株摘心封顶后，上部应绑得紧一些，以防因果实增多而使茎蔓下坠。植株生长势强的应弯曲上架，绑得紧一些，抑制生长；生长势弱的植株，应直立上架，绑得松些，促其生长。通过绑蔓可以起到抑强扶弱的作用。

绑蔓时，宜采用“8”字形绕环绑蔓，这种方法既牢固又可以给茎蔓生长留有空间（图5-9）。

3.落蔓　保护设施内（如大棚温室）栽培的黄瓜、番茄等，生育期可延长8 ～ 9个月，甚至更长，茎蔓长度可增加至6 ~ 7米，甚至10米以上。此外，为保证茎蔓有充分的生长空间，需在生长期内进行多次落蔓。

当茎蔓生长到架顶时开始落蔓。落蔓前，先摘除下部老叶、黄叶、病叶，将茎蔓从架上取下，使基部茎蔓在地上盘绕，或按同一方向折叠，将生长点置于架上适当高度后，重新绑蔓固定。

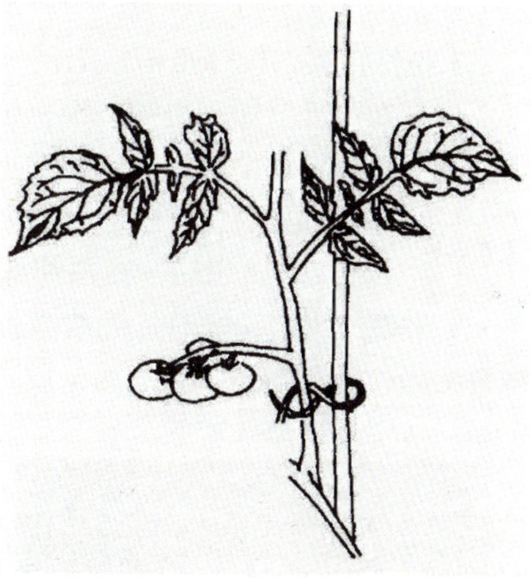

图5-9　“8”字形绕环绑蔓

4.实施步骤

（1）分配地块。

（2）按相应作物要求搭独立架或连接架。

（3）绑蔓。

（二）搭架实践

1.选择适合的竹竿　例如，冬瓜搭架需要1.8 ～ 2米长的竹竿；苦瓜则需要长1.5 ～ 2米的竹竿，且竹竿直径均为2 ～ 3厘米。

2.学习绳结　以系鞋带的方式进行绑扎（图5-10）。

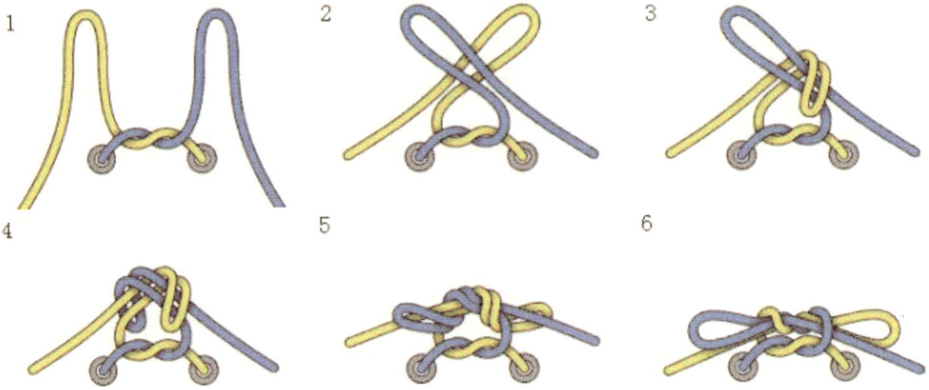

图5-10　绳结的几种类型

3.植株搭架　以冬瓜搭架为例（人字架）。

（1）在冬瓜植株一边插一根竹竿，冬瓜比较沉，固定竹竿时后尽量将坑挖得深一些，或将竹竿削尖头，插在土壤中。

（2）完成竹竿的固定后，对植株两边的木根进行交叉绑扎，一定要绑结实。

（3）绑扎2～3组后，在顶部绑扎一根竹竿（图5-11）。

4.绑蔓　将植株顺时针缠绕在竹竿上，用绳子绑扎藤蔓与竹根，注意不要绑得太紧，避免伤到藤蔓（图5-12）。

图5-11　人字架

图5-12　绑　蔓

5.学生操作练习

（1）为不同植物选择长度不同的竹竿。

（2）学习打绳结。

（3）搭架。

（4）植物缠绕。

6.重点难点解析　了解具体作物的生长架适合的高度及形式。如瓜类蔬菜比豆类蔬菜对承重的要求更高，架子扎入土壤的位置距离作物10厘米左右，注意将架子交叉位置绑紧。根本要求是结构稳固且整体重心稳，不易倒。

（三）实践搭架

1.实践安排　2人选择合适的竹竿，4人进行插竹竿，最后一起进行固定绑扎。

2.常见问题及纠正　以晃动的方式检查搭架是否稳固，若发现不稳固或绑蔓过松，需重新绑扎。

3.劳动习惯养成

（1）完成工作后清洁用具。

（2）整理场地，回收用具与材料并摆放整齐。

主题三：疏花疏果与保花保果

•时间：45分钟

•重点与难点：

［重点］疏花疏果与保花保果的概念、作用及操作方法。

［难点］为作物疏花疏果。

•实践流程：

（一）疏花疏果与保花保果

1.疏花疏果　对于可食用鲜食蔬菜，如番茄、黄瓜等，是非常注重果实质量的，枝蔓上花序太多不仅影响果型，还会造成果实生长不良、品种差、畸形果多等问题，因此，要及时疏花疏果。合理的疏花疏果可加快优质果的膨大，提高其商品性。

在蔬菜花期，应疏除过于稠密的花蕾和畸形花。坐果后，当幼果直径超过3厘米后，应及时疏掉不整齐果型、小果、同一果穗下的畸形果、发育迟缓的果实等。大果型品种，每穗应留3～4个，中果型品种应留4～5个，小果型品种可保留多些，一般在5个以上。

2.保花保果　与疏花疏果相反，保花保果是尽量想办法保留住花果。落花落果严重会制约果菜类蔬菜的生长，而引起落花落果的原因主要有两个：一是环境因素，二是栽培管理不当。在育苗期或定植后，如果外界温度过低或过高，会引起花芽分化不良，发育不完善，造成畸形花；花期温度不稳定、阴雨天多、光照不足、授粉不良等均可引起落花落果。另外，后期田间管理不当、水肥施入不平衡，容易造成植株徒长，营养过剩，使病虫害增多，也会引起落花落果。

在种植生产过程中，我们要及时摘心、打侧枝等，调整植株，防止生长过旺导致落花落果。保花保果的措施主要有药剂处理、人工辅助授粉等，常用的保花保果药剂有硼砂、磷酸二氢钾、防落素等。

3.实施步骤

（1）观察作物生长情况。

（2）以某几株苗为例，判断应该疏花或疏果部位。

（3）为作物疏花或疏果。

（二）番茄疏花疏果

1.不进行疏花疏果的弊端

（1）影响产量。番茄连续分化果穗，如果果穗全部保留，会使植株的营养生长与生殖生长失去平衡，影响早期产量。

（2）争夺营养。同穗花蕾形成的时间不同，争夺养分的能力也不相同，尤其是第一果穗的第一花，争夺养分的能力较强，当其坐果后，其他花正在开放，会影响其他花的正常坐果。

（3）造成畸形果。正常花蕾萼片数为5～7枚，萼片数在9枚以上为畸形花，将来会发育成畸形果。

（4）果实品质下降。在番茄生长中，如果不注意疏花蔬果，会降低其商品性，产量也会降低，从而直接影响菜农的收益。

2.疏花疏果的操作方法

（1）春季露地栽培的留2～4穗果，保护地栽培的留2～3穗果。

（2）每穗选留5～6朵正常健壮的花蕾，其余花蕾全部疏掉，特别是疏掉第一花穗中最早开放的花，这是争取早熟和第一果穗产量的关键措施。

（3）正常萼片数是5～7片，除掉萼片数在9片以上的花蕾，因为它们多发育为畸形果，这样可减少养分消耗，使留下的花得到更多的营养，提高坐果率。

（4）待每穗果坐齐后，再及时疏掉畸形果、特小果，每穗保留较整齐的3～4个果。

如图5-13所示，在这个枝条上，已经有一个果长得很大了，上面又开了一朵花，为了让这个果长得更好，应把上面的花剪掉。如果先坐的果是畸形果，那么就把畸形果剪掉，保留后面开的花。番茄会不断开花、不断结果，所以疏花疏果是一个持续的过程。

图5-13 番茄的疏花疏果

3.番茄落花落果的原因 花期光照不足、授粉期温度过高或过低、高温干旱、低温缺水、营养不足、生长过旺等都会影响花器官及花粉的正常发育生长，导致发育不良、花柱细长不均等，进而引起落花落果。

4.番茄保花保果的方法

（1）合理栽植。保持一定的株行距，保证通风透光能力，注意苗势的培育，不要让苗生长太旺。

（2）注意番茄开花坐果期的温度及湿度。一般春冬季容易低温，应保持白天20 ~ 30℃，夜间不低于15℃，以免发生冻害。如果湿度太大，容易造成花粉管破裂，导致无法正常授粉，引起落花落果。

（3）合理浇水，保持土壤湿度。

（4）合理施肥，保障番茄的营养供应。番茄在开花坐果期对硼、钙的需求很大，会影响花器官的形成与授粉，因此，除了要补充一些番茄生长需要的大量元素外，还要注意硼、钙等微量元素的补充，一般以叶面补充效果更好。

硼的吸收率低，钙的移动性差，两者还会起反应，需解决两者的拮抗作用。在番茄开花前，在叶面喷施硼钙叶面肥，保花保果效果很好，单独使用硼肥或钙肥的番茄坐果率往往会低于使用硼钙叶面肥的番茄。

5.坐果剂保果 这是目前比较常用的方法，但要注意使用剂量，量小效果不好，量大后期容易产生畸形果、裂果等。现在也有促进保花保果的番茄阴雨天保果剂，可解决天气原因造成的大量落果的问题。另外，这类保果剂还可以解决因使用浓度把握不好引起的裂果、畸形果、僵果等问题。

实施建议 在种植番茄的过程中，疏花疏果是必要的，保花保果则要结合具体情况再做相应处理。

6.学生操作练习

（1）观察番茄的生长情况。

（2）以某几株苗为例，判断应该疏花或疏果的部位。

（3）为番茄疏花或疏果。

7.重点难点解析　疏果时，一般大果型品种每穗留2～3个，中果型品种留3～5个，小果型品种留4～6个。疏掉果形不整齐形状不标准及同一果穗发育太晚或太小的果实。在疏花疏果、整枝打杈、摘心的同时，疏掉老叶及病叶，以改善植株下部的通风、透光条件，减少病害的发生。

（三）疏花疏果实践

1.实践安排　约6人一组，分行负责疏花或疏果。

2.常见问题及纠正　若出现疏花或疏果位置错误，或漏疏、多疏的情况，教师应及时给予纠正。

3.劳动习惯养成

（1）完成工作，清洁用具。

（2）整理场地，回收工具。

实施建议　需要了解具体作物的疏花疏果要求，要先观察，明确之后再操作。

四、成果验收

•活动时间：10分钟

•活动说明：组织学生结合评价标准，验收劳动成果

五、反思交流

•时间：20分钟

（一）学生劳动小结

劳动结束后按照小组集合学生，首先进行组内分享，然后各组推选1～2人进行集体分享，重点在于劳动过程中的发现、感受、问题与解决措施。

（二）教师点评

教师对劳动过程、分享过程中出现的问题进行总结点评，主要包括学生是否能够清晰地表述劳动细节、能够发现问题、是否总结得合理全面等。

（三）经验反思、观念纠正

教师可以对当天学生的表现和事件进行梳理、例证，比如活动中有哪些学

生遵守劳动规范、认真听讲、有创新意识、负责任、能帮助同学、有安全意识和良好的劳动习惯等。主要鼓励合作、努力、勤奋、乐观、探索等积极的劳动品质和精神，并对消极的观点和情绪进行非指责性的正向引导，纠正错误的劳动观念。

（四）评选先进

1.评选劳动小标兵　根据个人评价表的分数，评选出劳动小标兵。

2.评选劳动先进小组（优秀班级）

（1）汇总、公布成果验收的分数。

（2）颁发优秀小组奖章。

（3）组织学生参观优秀小组的劳动成果。

（4）对优秀小组的优势进行讲解，让其他组明确需要改进的地方。

3.劳动标兵评价标准　由个人、组内成员、教师分别评价后汇总表格分数。

学生评价表

评价维度	评价				
	评分内容	分数	自评	互评	师评
劳动观念	通过学习果菜类蔬菜的特性和疏花疏果的方法，进行蔬菜定植和搭架，树立劳动创造价值的观念，明白劳动成果来之不易的道理	20			
劳动能力	掌握果菜类蔬菜的特点	6			
	做好定植前的准备工作，明确定植要求，能够按要求操作	6			
	学会扎蔓及搭人字架	6			
	掌握疏花疏果与保花保果知识	6			
	学会为一种当季作物疏花或疏果的方法	6			
劳动习惯	遵守劳动规范的要求，按流程工作	6			
	爱护工具和设备，用完后及时清洁归位、合理摆放	6			
	及时回收耗材，整理后有序存放，养成劳动后整理场地的劳动习惯	6			
	积极参与总结与讨论，清晰、完整地填写学生教材表格	6			
	主动沟通，有合作意识，劳动氛围融洽	6			

（续）

评价维度	评价				
	评分内容	分数	自评	互评	师评
劳动精神	在定植、扎蔓、搭架，疏花疏果的过程中，不怕脏、不怕累，克服困难，积极探索	20			
总分		100			

4.优秀小组评价办法

（1）组建优秀小组成果验收小组，小组成员由教师和学生代表（每组1名）组成。

（2）评分方式：成果验收小组给各组的劳动成果打分，小组成员评价和教师评价各占总分数的50%，汇总得分后选出优秀小组。

备注：评价期间，其他小组成员可做一些劳动收尾或总结工作。

5.优秀集体评价标准　随队校领导、场地管理人员进行巡视评选，每月评选或两月评选一次。

评价表			
			○优秀小组/○优秀班级
评价维度	评分内容	分数	评分
劳动态度	积极参与，热情投入	10	
	氛围融洽，团队成员积极沟通配合	15	
劳动能力	安排合理，分工明确，有效协作	15	
	在劳动过程中积极探索，提升效率	10	
劳动习惯	工具使用规范	10	
	劳动步骤正确	5	
	能做到工完场清	10	
劳动精神	积极肯干、吃苦耐劳	15	
	脚踏实地，诚实劳动	10	
总分		100	

六、榜样激励

中国农业专家助力埃塞俄比亚农业发展

众所周知，埃塞俄比亚联邦民主共和国（简称埃塞俄比亚）是一个典型的农业国家，农业生产总值在其国家经济中占比很大。尽管土地资源丰富，但由于技术落后，当地农业发展得十分缓慢，连最基本的温饱问题都解决不了。在2009年中非合作论坛上，中国宣布将对非洲的农业进行援助。针对埃塞俄比亚的需求，中国先后派出了3批农业专家及17批教师队伍。他们精通于不同的领域，有的擅长棉花种植，有的擅长水稻栽培，还有的擅长灌溉和农产品加工，经验十分丰富。

中国蔬菜专家刘守云就是其中之一。在埃塞俄比亚首都亚的斯亚贝巴，刘守云负责管理埃塞俄比亚农业部技术示范园的一片菜地。53岁的刘守云是湖北省潜江市运粮湖管理区农业办公室的一名高级农艺师，他从事农业技术研究32年以来，四分之一的时间都扎根在非洲大陆的土地上。刘守云在尼日利亚联邦共和国参与过为期3年的“南南合作”项目，在莫桑比克共和国创造过水稻单产575千克/亩的非洲超高产量，在马拉维共和国培训了1 200余人次……2018年11月8日，作为第三期中国援埃塞俄比亚农业专家组的蔬菜专家，他再一次踏上了非洲大陆，开始了为期3年的农业合作项目。

刘守云对《北京周报》记者说道：“每当项目结束时，当地合作伙伴总是希望我能早日重返非洲。看到大家期待的眼神和农业技术对当地农业发展的改变，我很感动也很欣慰，于是，我一次次参与各类援非农业合作项目，希望我的技术能改变更多人的生活。”

刘守云向记者介绍，埃塞俄比亚可耕地面积辽阔，且土地肥沃、光照充足，比较适合发展蔬菜种植，尤其是茎叶类蔬菜，如生菜、菠菜、甜菜和包菜等。

在刘守云和当地农业技术专家的协作下，农业部大院蔬菜示范园迅速建成。2019年8月31日，埃塞俄比亚农业部部长Oumer Hussien在参观蔬菜示范园时，对中国专家采用的小拱棚蔬菜栽培技术给予了高度评价：“中国的农业技术很实用，成本较低，效果很好，值得我们学习和推广。”

刘守云说：“2020年是中国与埃塞俄比亚建交50周年，我们专家组将继续努力，为当地农业发展做出自己的贡献，为这一历史时刻的到来增光添彩。”

像刘守云这样的中国农业技术专家援助非洲的例子还有很多，这些专家们远离家乡，对需要帮助的国家人民倾囊相授，传授中国农业技术，贡献中国智慧，用自身行动展现出令人钦佩的敬业精神、奉献精神和人道主义精神！

实施建议 尊重客观规律是劳动实践取得成功的前提条件。

七、意识提升与激励

本章主要学习了果菜类蔬菜的特性和疏花疏果的方法，并进行了蔬菜定植。每项操作都有具体要求，这些要求都是实践经验的总结，按要求工作、按规范工作是职业素养的重要体现。

八、知识链接

1.移栽前的炼苗管理　通常，种植番茄和茄子都是直接购买小苗，不涉及炼苗的问题，如果是自己培育果菜类蔬菜苗，就需要对炼苗有所了解。

所谓炼苗，是在保护地育苗的情况下，采取放风、降温、适当控水等措施，强行锻炼幼苗的过程，这样可使其定植后迅速适应陆地的环境条件，缩短缓苗时间，增强其对低温、大风等的抵抗能力。在果菜类蔬菜定植前，通过控温、控水、加大通风等低温炼苗处理，既能增强幼苗对外界环境的适应力与对不良环境的忍耐力，又能使幼苗根系更发达、苗株更健壮，把这样经过低温炼苗处理后的幼苗定植到地里后，定植苗能快速适应外部生长环境，更快地完成缓苗成活，同时也有利于瓜果蔬菜在后期更好地生长发育、开花结果，更早地成熟上市。

炼苗一般在幼苗移栽定植前7天左右进行，在炼苗前2 ~ 3天，先逐步地控水、通风、降温，让幼苗慢慢适应外部环境，等幼苗逐步适应外部环境后，再逐步加大降温幅度和通风量，直到幼苗完全适应苗床外的环境条件后，再进行全面的通风炼苗。

2.炼苗的温度控制　炼苗时，一般把苗床温度调控在白天15 ~ 20℃、夜间12℃左右。对于喜温性的果菜类蔬菜，白天温度可控制在18 ~ 20℃，对于耐冷性的绿叶蔬菜，白天温度可以保持在15～18℃。炼苗时，降温应分2～3天循序渐进地进行，不可骤然大幅度地降温或通风，否则容易发生闪苗、萎蔫或死苗等问题。

3.移栽定植的其他方法与注意事项

（1）建议选择苗龄适宜、苗势健壮的苗子，适龄健壮苗标准为：株高15～20厘米，茎粗0.8～1.5厘米，茎秆短粗，根系发达（主根粗长、须根白/亮/多），茎叶浓绿，叶片肥厚，叶柄短粗，花芽分化整齐且无病虫害。根少根黄、苗弱苗黑或有叶部病害的苗子尽量不定植，除此之外，苗龄过大、育苗期过长的苗子也不定植，否则会导致幼苗新根生长不良、根系过早老化的问题。

（2）起苗前1天提前浇起苗水，第二天再带土起苗。起苗时要把大苗、小苗、健壮苗进行分级分类，把不同等级、不同强度的幼苗分开定植，这样便于后期统一管理，旺长苗略控长、弱小苗多促长，以便保持全田苗情苗势一致、开花结果期一致、成熟上市期一致。

（3）采取带土移栽定植时，把幼苗栽种到定植穴后，先放少量土盖住根部，然后捏住苗子基部茎秆稍微提下苗，这样可以使定植苗与土壤接触更加紧密，有利于苗子定植后更好地深扎根和快速生长出新根。

（4）建议采取高垄、覆膜的栽种方法，这样既有利于保温保湿、护墒保苗，又利于定植苗尽快缓苗和成活，减少根基部病虫害、提高土壤疏松度，培育出根系发达、长势健壮的瓜果蔬菜。

（5）在幼苗定植前，建议提前2～3天适当控水，减少幼苗定植后病害的发生。

（6）在幼苗定植时，建议使用微生物菌剂或杀菌剂药液先蘸根、后栽种，或者在定植后结合浇灌定植水，使用微生物菌剂或杀菌剂进行灌穴，这样有利于幼苗根系的生长发育。

（7）在幼苗定植时，定植穴内不可使用未经腐熟的农家肥，也不可让化肥与幼苗根系直接接触，否则在幼苗定植后会发生肥料烧根、烧苗或死棵的情况。

（8）在幼苗定植时，建议对定植苗进行适当修剪，把老根适当、少量修剪掉，并使根系长度保持在8～10厘米，栽种时要注意使根系在定植穴内自然顺直且没有窝根。另外，还可以把苗子上的破损叶剪除掉，保留完好的健壮叶，以此来减少幼苗株体的水肥营养消耗量，促使幼苗更好地缓苗成活。

（9）在幼苗定植后，如果需要追施肥料促进生长，建议选择菌肥或营养型肥料，尽量不使用含有激素或药物的肥料，否则会降低定植苗的正常生长发育或导致根系早衰。

（10）幼苗定植后，不可立即浇水施肥，缓苗期内应当避免对幼苗进行摘叶、中耕、叶面喷打肥药等，以防正处于苗株幼嫩虚弱且生长环境骤变的定植苗受到二次伤害，否则容易造成定植苗缓苗期延长、成活率下降的问题。上述田间管理最早可以等到定植苗度过缓苗期且全部成活后再进行。

（11）幼苗定植后，要在第2天检查一下苗情，重点检查有没有漏根或土埋心叶的问题，如果有苗株漏根的情况，应当立即用湿润土覆盖根部；如果有栽种过深、土埋心叶的情况，应当轻轻扒开心叶上的土或把幼苗拔出来重新栽种。

（12）幼苗定植后到缓苗成活前，苗子既幼嫩又虚弱，如果此时气温比较高或阳光比较强，应当注意临时搭设遮阳网或在行间撒盖秸秆稻草进行遮阳降温。待瓜果蔬菜定植苗缓苗成活后，应当及时将遮阳网或秸秆、稻草全部撤掉，以防影响幼苗的正常生长。

（13）在定植苗缓苗成活前，尽量避免中耕松土，以防幼苗因伤根、散墒而影响根系的正常恢复与生长。在定植苗全部缓苗成活后，最好在田间进行1次轻划锄或浅耕松土，打破前期浇水造成的土壤板结，通过提高土壤疏松通透性、改善幼苗根际土壤环境，促使幼苗更快、更健壮地生长。

（14）不论移栽、定植何种瓜果蔬菜苗，都不可盲目追求栽种的密度，而应根据土壤肥力、品种特性等确定合理的种植密度。若种植密度过大，苗子不仅长得不健壮，而且也容易在中后期发生各类病虫害，不利于高产优收。

九、课外劳动实践任务

根据学习情况，进行拓展训练。

要点摘记

定植引蔓与疏花疏果

第三篇
生态生产篇

第六章 常见病虫害生态管理与生态堆肥

01 课程引言

“除虫没有巧，第一动手早，春天杀一个，强过秋天杀万条。”“冬天把地翻，害虫命归天；种前防虫，种后治虫。”这些农业谚语强调了时间安排在虫害防治中的重要性。请注意，虫害是作物遭到肉眼可见的动物伤害；而病害可分为侵染性病害（如细菌、真菌等）和非侵染性病害（如环境污染、营养失调等）。

要想作物健康，除了环境，最重要的就是土壤，如何让土壤更健康，营养更均衡？让我们一起来学习一下吧。

02 课程介绍

从事农业生产，总是避免不了与病虫害打交道，在大部分无农耕实践经验的人看来，防治病虫害主要依靠喷洒农药。这种防治病虫害的方法，虽然有一定的效果，但也存在很多副作用，不仅增加了农作物的防治成本，而且很容易让病虫害产生耐药和抗药性。本章将带领大家认识常见病虫害，通过蔬菜表现的症状来判断其病害，并学习常见病虫害的处理方法，懂得通过生物防治、物理防治、加强管理等方法来预防和治理病虫害。同时，通过了解堆肥的作用及亲手堆肥，掌握利用农业废弃物进行堆肥的方法，提升利用废弃物、加快资源的循环利用、减少资源浪费的意识，并理解施用有机肥对土壤优化和提高作物产量的功效与价值，进而了解可持续发展的农业理念。

课程课时：3课时　　适用年级：初中二年级

03 课程目标

一、劳动观念

1.通过了解病虫害的发生与耕种各环节存在的因果关系，懂得只有通过辛勤劳动才能创造价值的道理。

2.通过了解生态堆肥对土壤改良的重要作用，认识到农业可持续发展的意义，树立尊重劳动、辛勤劳动的正确观念。

二、劳动能力

1.了解常见病虫害的特征，能够对应展板，初步辨别病虫害。

2.了解防治病虫害的基本技术和方法，认识遇到的害虫，掌握一种防治措施（不同组掌握不同的措施）的操作。

3.了解生态堆肥的源起，认识堆肥要素与原料，掌握基本的堆肥步骤及方法。

三、劳动精神

1.通过认真收集病虫害信息和防治病虫害实践操作，领会“幸福是奋斗出来的”内涵与意义。

2.通过堆肥，践行勤俭节约的劳动精神。

四、劳动习惯与品质

1.在辨别病虫害、防治病虫害的过程中，践行认真、专注、积极探索的劳动品质。

2.在制作生态堆肥的过程中遵守劳动规范，按照流程完成劳动。

3.在劳动结束后，将工具及材料清洁归位，逐步养成工完场清的劳动习惯。

4.每次劳动结束后，认真参与总结和反思，清晰、完整地填写学生手册。

04 教学准备

一、场地准备

1.堆肥地点需要距水源较近或有长水管线供水，堆肥位置不会积水。

2.堆肥尺寸20米^2，活动范围不小于40米^2。

3.活动前平整场地。

二、经验准备

了解常见病虫害的辨识及处理方法，提前调研本地的病虫害种类。

三、教具、工具和材料准备

活动内容	项目	物料名称
常见虫害的识别与管理	教具	常见虫害症状的图片及介绍展板
	工具	昆虫盒、趋光灯、高压喷壶、喷雾器、手套、剪刀、梯子
	损耗性材料	虫害观察记录表、黄板、捕食螨袋
常见病害的识别与管理	教具	常见病害症状的图片及介绍展板
	工具	剪刀、小喷壶、收集残叶的容器
	损耗性材料	病害观察记录表、对症的生物农药、肥料
生态堆肥制作	教具	堆肥示意图
	工具	铁锹、米尺、秤、铡刀、镰刀、手套、围裙、小推车、锤子、水桶
	损耗性材料	木棍（约1米长）、有机质

05 教学实施

一、课程导入

农业是为人类提供食品、保证生存的重要产业。在农业发展过程中，病虫害一直是困扰广大农民的大问题，农业发展的历史，也是一部人类战胜病虫害的历史。直到20世纪40年代，人类发明了化学农药，这一状况才得到了改变。化学农药能迅速控制病虫害，有效保护农作物。但与此同时，化学农药对环境和农产品的危害也很快显现了出来，虫子的抗药能力也在不断提高。于是，科学家开始在生物防治领域寻找新的突破，探寻生态环保的防治方法，以期减少农药的使用。

生物防治以预防为主，从蔬菜的选种到种植，再到后期管理等环节都非常重要。只有通过选种、土壤消毒除菌、加强管理壮苗等处理，才能减少蔬菜后期的病虫害。此外，由于在作物生长的不同时期都有可能发生病虫害，所以，要做好每个阶段的观察记录，如有异常，应及时处理。

实施建议　幸福不会从天降，美好生活靠劳动创造。发展中的各种难题，只有通过诚实劳动才能破解。

二、安全教育

1.在活动中注意自身安全，小心脚下，避免刮伤。

2.按教师传授的方法，正确使用劳动工具，使用时注意保证自身及周围人的安全，使用后清理工具，放回指定位置。

3.使用生物制剂防治病虫害时，须做好防护，防止喷洒到自己或他人身上。

备注：在农耕劳动实践的过程中，会用到不同种类的劳动工具，在使用时，要谨慎操作，动作幅度不能过大，在确保自己不受伤的同时，还要避免伤及他人。工具使用完毕后，不要随地乱扔，须及时送回原处。

三、农耕实践

主题一：常见虫害的识别与管理

• 时间：60分钟

•重点与难点：

［重点］不同虫害对应的症状及解决方案。

［难点］对照常见虫害的防治方法，对所在地块的虫害进行针对性防治。

•实践流程：

（一）了解常见虫害

1.了解常见虫害的特征　对于缺少农业经验的人来说，当发现作物不正常或受到损伤时，不能马上判断出到底是发生了病害还是虫害。总体来讲，发生虫害后，一般植株各部位都有啃食、发黄、卷叶、断根等现象，早期能找到害虫的虫体；而病害的病原物难以直观识别，最显著特点是分泌物明显，受害部位也表现出斑点、腐烂、穿孔等病状。

常见虫害及特征有：

（1）危害嫩叶、嫩梢，造成卷叶、皱缩，但没有咬伤，上面有油脂分泌物，多是蚜虫、粉虱和木虱刺吸汁液、释放病毒后形成的。蚜虫在叶片上很少产卵，而粉虱和木虱常在叶片上产许多卵。

（2）危害嫩叶、嫩梢，并常把叶片缀在一起，幼虫在其中咬食叶片的，多为卷叶虫类害虫；把许多叶子用丝连缀在一起，里面有许多虫子咬食叶片的，多为巢蛾类害虫。

（3）把花、花蕾、叶片咬得残缺不全，留下丝状的叶脉，甚至将花、花蕾、叶片吃光，仅留下叶柄的，多为金龟子；把零星叶片咬成大的缺刻或把整个叶片咬成灰白色透明网状，多为刺蛾幼；把许多叶片啃成透明白点的，多为金花虫。

（4）蛀食嫩梢的，多为螟蛾和卷蛾幼虫；枝条上的叶子被吃光，仅留下叶柄的，多为天蛾幼虫和天幕毛虫、舟形毛虫等；把叶片卷成筒，幼虫藏在里面食害的，多为细蛾幼虫。

（5）幼虫钻入叶肉里为害，多为潜叶蛾、潜叶绳、瘿蚜、象鼻虫、叶蜂等。潜叶蛾幼虫为害后，形成弯曲的隧道，叶片上出现灰褐色近圆形的黄白色或白色隧道；瘿蚜在叶片上形成黄红色的虫瘿；象鼻虫在叶片上形成黄色虫瘿。咬食叶片，仅剩下粗叶脉的，多为叶蜂幼虫。

（6）叶片呈现密集的细小灰黄色点或斑块，多发生在主脉两侧，严重时造成部分或整株焦叶、落叶的，多为红蜘蛛，也可能是介壳虫、锈蜘蛛、梨冠网蝽或叶蝉。介壳虫为害时，常使枝、叶黄萎脱落，并伴随有黑霉覆盖叶上；军配虫为害后，全叶苍白，同时叶片背面有黑色点状的排泄物；叶蝉类以成虫和若虫吸食嫩梢、嫩叶、花穗和幼果汁液，会引起枝梢枯萎、嫩叶扭曲、叶片失绿、严重发生时会导致落花落果。

(7) 把叶片顺向折叠“饺子”状，幼虫藏在其中为害的，多为梨星毛虫。把花朵、果实、叶片、嫩梢锉吸成银灰色条形或片状斑纹，造成蜷缩或枯黄的，为蓟马所食害。

实施建议　需要根据病虫害情况设计本地的专属图谱。结合虫害残叶、展板内容，介绍病虫害特征。

2. 常见益虫　益虫是指对人类生产和生活有益的昆虫，可以保护自然生态平衡，从而更好地保护环境。

益虫可协助农作物生长，同时，许多益虫，如蜻蜓、螳螂、瓢虫、赤眼蜂等还能消灭害虫，以虫治虫，这就是“生物防治”。

有些益虫可直接改善环境卫生。如蚯蚓（不是昆虫）将生活垃圾、枯草败叶、生物粪便等作为食物，它们吃掉生活垃圾等废物后，排出的粪便又成了肥料。因此，在改善环境卫生方面，蚯蚓既是“清洁工”，又是“小肥料厂”。

识别这些益虫并了解它们在害虫种群调控中的作用，对农民来说是至关重要的。常见益虫见图6-1。

名称	蜜蜂	蜻蜓	七星瓢虫	寄生蜂	猎蝽
形态					
作用	在采蜜的同时，帮助植物授粉	捕食小飞虫蚊、蝇等害虫	捕食蚜虫、蚧、螨等害虫	寄生在害虫体内，以害虫为食	不仅能捕食斜纹夜蛾幼虫，还能捕食桃蚜和烟青虫等害虫
名称	食蚜蝇	草蛉	螳螂	步甲	蜘蛛
形态					
有益作用	食蚜蝇外形似蜜蜂，成虫以采食花蜜为生，幼虫在叶片上面吃蚜虫之类的害虫	草蛉的幼虫和成虫都以蚜虫为食	螳螂是一种食肉性昆虫，它的食物包括棉蚜虫、红铃虫、玉米螟、菜螟、菜青虫、金龟子、苍蝇、蚱蜢等60多种害虫的成虫和幼虫	步甲为食肉动物，能消灭土壤里面中的害虫，在自然界生态平衡及害虫控制方面起着重要作用	蜘蛛食性杂，多以昆虫、其他蜘蛛、多足类为食，是许多农、林业害虫的天敌，在生物防治中起着重要作用

图6-1　常见益虫图谱

3.实施步骤

（1）了解虫害特征及记录方法。

（2）查看作物虫害情况，完成“虫害观察记录表”。

（3）学习虫害的防治方法。

（4）进行害虫防治。

（二）观察并记录虫害情况

1.虫害观察记录表　发生虫害后，需要进入田间观察记录虫害情况，填写“虫害观察记录表”（表6-1），之后分析总结，查找对应的防治方法。

表6-1　虫害观察记录表

作物名称	虫害症状描述	害虫名称	情况照片或收集标本
豆角	叶片卷曲变形	白粉虱	（用昆虫盒收集）

2.观察记录的注意事项

（1）观察时，小心翻看叶片，但不要触碰、翻转瓜类的果实，不要大幅度摇晃植株，以免伤害植物。

（2）可分区域、分工完成观察任务。穿长衫、戴手套、口罩、眼镜、帽子。

（3）查看作物虫害时，只收集不处理，因为有些是益虫，不可伤害。

（4）一个昆虫盒可以放多个虫子，特别小的虫子可用无孔透明小盒收集。

（5）有些特别小或柔软的虫子，用手不容易收集，可以用小棍轻轻拨进小盒子中。

3.观察实践安排

（1）每组6人左右，每组2张“虫害观察记录表”，每人1个昆虫盒。

（2）小组地块由教师分配。进行组内分工观察、搜集、记录病虫害信息。

（3）观察虫害情况并填写“虫害观察记录表”，根据《常见虫害图谱》判断虫害名称或类型。

4.常见问题及纠正

（1）观察病虫害时，容易对植物造成伤害，须动作轻柔，不可莽撞。

（2）对昆虫有恐惧感的学生，可与胆大的学生配合。

实施建议 了解治虫害是获得良好收成必不可少的步骤。

（三）防治虫害

1.虫害发生规律　虫害的大范围发生与环境关系密切，气候、土壤、生物因素都与害虫的生命活动有很大关系。

（1）温度。如去年比较干旱，冬季温度不够低，那么今年发生虫害的概率就比较大，因为这样的气候有利于虫卵和成虫越冬。

（2）湿度。气候潮湿、通风不好是微型害虫发生的主要原因。

（3）作物本身不够健壮，细胞壁不够强韧、生长慢，也容易吸引害虫。

2.防治虫害的常见方式　对于农业生产来说，防治虫害要从生态平衡的角度出发，应考虑整个生态系统，综合运用各种防治措施，创造不利于虫害滋生和有利于各类虫害天敌繁衍的环境条件，以保持农业生态系统的平衡和生物多样性，降低各类病害造成的损失。

在选择虫害的防治方法时，应尽量生态环保，下面来介绍一些常见方法：

（1）清洁田园。农作物收获后，及时把遗留在田间的植株残体收集烧毁或深埋，可减少下一个生长季节和相邻菜田的虫（菌）源，尤其对蚜虫、螨类、粉虱、蓟马、潜叶蝇、小菜蛾、瓜绢螟等害虫有效；杂草是多种病菌、害虫的越冬场所或过渡寄主，铲除杂草可减轻蚜、螨、地老虎、蟋蟀、黄守瓜以及有害软体动物为害。

（2）人工防护。比如覆盖遮阳网、防虫网和塑料薄膜，不仅有利于降温、防雨，还可以防虫、防鸟，是蔬菜优质生产的重要技术措施。

（3）以肥治虫。以肥治虫是用肥料来杀灭或拒避作物害虫，既能杀虫防虫，又具施肥效果，而且不杀伤害虫天敌，不污染环境，真可谓一举多得。

①磷肥杀虫法。在棉田喷施磷肥，可防治棉铃虫。棉铃虫在产卵期间最怕磷，一见到磷素就立即逃避。根据棉铃虫的这一特殊习性，可用2%的过磷酸钙浸出液对棉花进行叶面喷施，每隔5～6行留1行不喷，驱使棉铃虫集中产卵，然后集中清除。

②过磷酸钙。棉铃虫还有一个特性，就是一嗅到棉花分泌出来的叶酸、草酸，便群聚其上产卵。这时，如果用2%的过磷酸钙液喷施，会使棉铃虫的卵

壳变硬，不能孵化，闷死于壳内。用这种方法防治棉铃虫效果很显著。

（4）粘虫板诱杀。蚜虫、白粉虱等对黄色具有强烈趋性，可设置黄板引诱粘杀成虫。

①悬挂位置。粘虫板悬挂的位置要根据害虫习性来确定。以防治烟粉虱为例，由于烟粉虱的迁飞性相对较差，因此，粘虫板的悬挂高度应以其下端与植株顶部生长点持平或高出10厘米为宜，并随着植株的不断长高及时调整粘虫板的悬挂高度。

②悬挂数量。粘虫板的设置数量应根据主要防治害虫的数量来定，设置过少达不到预期的防效，设置过多则会造成资源浪费。如防治棚室内的白粉虱、烟粉虱、蓟马，每亩设置30 ～ 40片即可。

③分组。把4块粘虫板分为高低不同的两组，其中一组设置在高出植株顶部生长点10厘米处，专门针对迁飞性相对较差的粉虱类害虫；另一组设置在高出植株顶部生长点30 ～ 40厘米处，针对迁飞性较强的蚜虫等害虫。按此操作，可使粘虫板物尽其用。

④分色。由于不同害虫的趋色性不同，除设置黄色粘虫板诱杀蚜虫、粉虱等对黄色有极强趋性的害虫外，还需设置蓝色粘虫板，针对对蓝色趋性强的害虫——蓟马。因蓟马怕光，故诱杀蓟马的蓝色粘虫板需要悬挂在作物基部近地表处。

（5）诱杀成虫。

①用黑光灯诱杀：很多害虫对波长320 ～ 390纳米的黑色光趋性强。

②用糖、酒、醋液诱杀斜纹夜蛾等。成分：糖：酒：醋：水＝6 ：1 ：3 ：10，并加入90%敌百虫1份。例如，配置500毫升溶液、需要糖150厘米^3，酒25毫升，醋75毫升，水250毫升、90%敌百虫25毫升。

（6）性外激素诱杀。目前，性外激素的应用大致有三种形式：利用人工合成的性外激素（称为性诱剂）、利用性外激素的粗提物、直接利用未交尾的活雌虫。利用雌蛾活体诱杀、操作简便、成本低、易推广，在虫量少时应用效果明显。

具体做法为：用50 ～ 60目防虫网制成一个长10厘米、直径3厘米的圆形笼子，每个笼子里放1 ～ 2头未交尾的雌蛾（可先在田间采集雌蛹放在笼中，羽化后待用），把笼子吊在水盆上，水盆内盛水并加入少许煤油，在黄昏后放于田中，每晚可诱杀很多雄蛾。

（7）释放自然天敌。利用自然天敌防治，如释放捕食螨、赤眼蜂等。

将工厂化生产的赤眼蜂制成带蛹的纸片，挂在植株中部的叶幕内，用大头针固定即可。将装有捕食螨的包装袋一侧斜剪4厘米左右的细缝，固定在不被阳光直射的植物下部阴凉处，袋口和底部须与茎干充分接触。

(8) 喷洒生物农药。喷洒生物农药，让害虫感染相应病菌，从而减少其数量。喷洒生物农药时应穿长袖衣裤、戴口罩，做好身体防护，禁止在工作中饮食，以防身体中毒或产生过敏反应（图6-2）。

图6-2 喷洒生物农药

①使用前，先将容器内遗留残药清理干净，然后加入少量的清水，上下摇压几次，判断压力是否正常、各连接部位是否漏水。

②使用时，须先加药剂母液、后加水，药液的液面不可超过安全水位线。喷药前，须扳动摇杆10余次，使桶内气压上升到工作压力。注意扳动摇杆时不可过分用力，以免气室爆炸。

③兑完的药液须搅拌均匀，防止上下药液浓度不均，影响药效。

④所加稀释液须确保清洁，以免在喷雾过程中阻塞开关或喷嘴。

⑤小面积喷雾选择单喷头；大面积、大水量喷雾选择双喷头；远距离喷雾选择直喷头。

⑥工作完毕后，应及时倒出桶内残留的药液，并用清水洗净、倒干，检查

气室内有无水液，如有积水，须拆下接头放出积水。之后，用肥皂反复洗手。

实施建议 正确观察记录、运用知识、使用工具才能事半功倍。

3.学生操作练习　指定学生进行操作示范。

（1）指定1名学生示范诱虫板、捕食螨袋的悬挂操作。

（2）指定1名学生示范喷雾器的使用方法。

实施建议 在劳动过程中探索事物之间的深层联系，总结经验，规范操作，诚实劳动。

4.重点难点解析

（1）不同虫害对应的解决方案可能有很多种，需要对照《常见虫害防治方法》展板仔细研究。

（2）正确防治虫害，需要按照研学手册规范操作。

实施建议 在劳动实践中，注意动作、步骤、工具使用的规范，及时反思优劣、纠正错误。

（四）实践虫害防治方法

1.实践安排

（1）每组6人左右，根据虫害情况制订防治方案。

（2）向教师汇报，教师帮助其判断防治方案是否正确合理。

（3）确定防治方法后，领取工具与材料，按具体要求分工实施。

实施建议 强调劳动规划——分组分工、制订方案、协作推进。

2.常见问题及纠正

（1）若无法发现害虫，需结合虫害特征表，仔细对比观察，再次判断。

（2）诱虫板与捕食螨袋的悬挂位置较难把握，需由教师指导。

实施建议 总结经验，强化操作标准及规范。

3.习惯养成

（1）细致、耐心地观察、分析、记录虫害。

（2）正确使用喷雾器、剪刀等工具，遵守使用规则。

（3）在劳动过程中，按照步骤方法和技术规范进行操作。

（4）每项劳动实践结束后，注意工完场清和个人消毒。

实施建议 强调劳动习惯——操作严谨规范、工具使用正确、安全。

主题二：常见病害的识别与管理

•时间：60分钟

•重点与难点：

［重点］不同病害对应的病症。

［难点］对照常见病害防治方式，对所在地块的病害进行针对性防治。

•实践流程：

（一）认识病害

1.了解常见病害　病害，简单来说就是植物生病了，与虫害不同，致使植物受害的不是看得见的虫子，而是真菌、细菌、类菌原体、病毒、线虫和寄生性种子植物或环境变化。常见病害见图6-3。

病害名称	细菌性角斑病	黑霉病	炭疽病	细菌性青枯病
症状图片				
症状描述	1.叶背有水渍状斑 2.浇水后有菌脓 3.以叶脉为界，逐渐扩大，呈不规则的多角形，色赤褐，周围往往有黄色晕环，后期长出黑色霉状小点	1.浅褐色不规则病斑 2.病斑变薄下陷，后逐渐长出黑霉	1.叶片上呈现圆形、椭圆形红褐色小斑点 2.有时边缘有黄晕，最后病斑转为黑褐色，并产生轮纹状排列的小黑点 3.后期病斑穿孔，病斑多时融合成片、导致叶片干枯	1.茎部皮层剥开，木质部呈褐色 2.初期个别枝条的叶片或一张叶片的局部呈现萎垂 3.挤压有脓状物
病害名称	霜霉病	灰霉病	软腐病	溃疡病
症状图片				
症状描述	1.病势由下而上逐渐蔓延 2.正面出现多角形褪绿斑 3.潮湿时，背面出现紫灰色霉层	1.沿叶脉成“V”形向内扩展，灰褐色 2.边有深浅相间的纹状线，交界分明 3.低温高湿型病害	1.晴天萎蔫，早晚正常 2.湿腐，有臭味 3.最后根茎叶腐烂	1.浓黄色油渍状圆斑 2.病部中央破裂，木栓化 3.病斑多为近圆形，常有轮纹或螺纹状，周围有一暗褐色油腻状外圈和黄色晕环

病害名称	病毒病	根结线虫病	锈病	早疫病
症状图片				
症状描述	1.叶皱缩，凹凸不平 2.叶片有褪绿黄斑 3.沿叶脉变色	1.根上有根结 2.叶片在中午萎蔫 3.植株矮小	1.锈菌一般只引起局部侵染 2.受害部位可因孢子积集而产生不同颜色的小疱点或疱状、杯状、毛状物 3.在枝干上引起肿瘤、粗皮、丛枝、曲枝等症状	1.薹基部生暗褐色病斑，稍陷，有轮纹 2.高湿时黑色霉层幼苗的茎基部生暗褐色病斑，稍陷，有轮纹 3.成株期发病一般从下部叶片向上部发展 4.病部有（同心）轮纹

图6-3　常见病害图谱

植物病害不仅会导致农作物产量减少，还会严重威胁到农产品的质量安全及其国际贸易。病害微生物一般通过茎、叶、根系、果实等侵染植物，大部分病害在染病初期虽较易防治，但一般不易被人察觉。病害一旦大面积发生，不仅防治困难，而且效果较差，会使农作物减产，甚至绝收。如何在病害发病初期进行检测并及时处理，对防治病害的发生尤为重要。

2.侵染性病害与非侵染性病害　病害分为侵染性病害与非侵染性病害，也可以简单地理解为传染性病害和生理性病害（表6-2）。

在农业生产中，容易混淆植物的生理性病害和传染性病害，一旦“误诊”，可能延误最佳防治时间，造成无法挽回的损失。准确及时的诊断鉴定，是搞好植物病害防治工作的前提和保障。

表6-2　侵染性病害与非侵染性病害

	侵染性病害	非侵染性病害
发生原因	由生物侵染而引起的病害	由非生物因子引起的病害，主要由营养失调、环境污染、水肥管理不当、气候条件不适宜等非生物因素引发
传染性	可以在植物个体间互相传染	不能相互传染，又称为生理性病害
病害种类	根据侵染源不同，又可分为真菌性病害、细菌性病害、病毒性病害、线虫性病害、寄生性种子植物病害等	会引起缺素症，如白菜干烧心病、番茄脐腐病等；温度过高过低会造成低温、高温病，如落花落果、化瓜、畸形瓜果、花打顶等

（续）

	侵染性病害	非侵染性病害
突发性	病程较长	在较短时间内突然发生，病程较短
普遍性	侵染性病害开始只在少数植株上发生，而不会在同一区域的大部分植株上同时发生	非侵染性病害会在整个或内一个相对集中的区域普遍发生
相似性	侵染性病害的发病植株有的可能形成扩散中心，向四周迅速蔓延，称为再侵染。有些真菌和细菌病害、所有的病毒病害和原生动物的病害，在植物表面没有病征，但症状特点很明显	非侵染性病害的受害植株会表现出完全相似或基本相似的症状，没有逐步传染扩散的现象

3.侵染性病害详解　大多数的作物侵染性病害，是由真菌、病毒、细菌、类菌质体、线虫和寄生性种子植物等病原物，在一定的环境条件下和寄主作物相互作用的结果，可侵染性病害的种类见表6-3。

表6-3　可侵染性病害种类

病害种类	真菌性病害	细菌性病害	病毒性病害
主要病症	常见的有白粉病、锈病、霜霉病、菌核病、疫病、炭疽病、灰霉病等	常见的有十字花科软腐病、茄科青枯病、茄科环腐病、瓜类角斑病、西瓜甜瓜果腐病等	常见的有葫芦科、十字花科、茄科等的病毒病，如大白菜病毒病、黄瓜花叶病毒
病症表现	发生真菌性病害的蔬菜植株上一般都产生白粉层、黑粉层、霜霉层、锈孢子堆、菌核等。若在生病的蔬菜植株上看见上述特征之一,可先初步判断为真菌性病害	细菌通过植物的气孔、伤口等处侵入，发病后植株病变部位无明显附属物，但往往有菌脓出现。脓状物病部产生的脓状黏液，在干燥的条件下变成胶质的颗粒或菌膜。植株一般表现为坏死、腐烂或萎蔫	植株发病后表现变色、矮化、丛枝、坏死、畸形。主要症状有花叶变色、条纹枯斑、坏死、畸形等
发生规律	真菌性病害是蔬菜病害中发生程度很高、最常见的一种，占全部植物病害的70%～80%	多发	传染来源都与活体有关。如昆虫、线虫、螨类等
防治方法	防治真菌性病害的常规用药有多菌灵、百菌清、甲基托布津、阿米西达等	用药多为抗生素类，如农用硫酸链霉素、春雷霉素、中生菌素，或铜制剂类，如氢氧化铜、王铜等	对病毒类病害来说，用药效果不佳，应多从农业防治的角度考虑，如加强肥水管理、提高植物的抗病性、防治传媒昆虫等

4.实施步骤

(1) 查找病害，填写“病害观察记录表”，采集标本或拍照记录。

(2) 查看展板、网络资料或咨询专业人员，观察具体病害，确认病因。

(3) 搜寻除病害方法，去除病害残叶与枝干，改善作物生长环境，如减少浇水频率、去除部分植株、提升田间通风效果等。

(4) 选择生物农药防治病害。

(二) 观察并记录病害情况

1.病害观察记录表　根据《常见病害图谱》，判断本地块的现有病害，填写“病害现象记录表”(表6-4) 记录下症状及严重程度，采集病害标本。

表6-4　病害观察记录表

作物名称	病害症状描述	严重程度 (轻、中、重)	标本或照片	采集位置

2.观察记录注意事项

(1) 观察时小心翻看叶片，但不要触碰、翻转瓜类的果实，不要大幅度摇晃植株，以免伤害植物。

(2) 可分区域、分工完成观察任务。

(3) 分组填写“病害观察记录表”，每组2张。进行组内分工，观察、搜集、记录病害信息。

(4) 采集标本时需要标明采集位置，以备后期进行病害处理时判断施用位置。

(5) 抓住主要特征判断病害类型，若无法确定，可以向教师或专业技术人员请教。

3.观察实践安排

(1) 每组6人左右，小组地块由教师分配，在小组内自行分配观察地块。

(2) 观察病害情况并填写“病害观察记录表”，必要时采集病叶标本。

（3）根据《常见病害图谱》判断病害类型。

4.常见问题及纠正　观察病虫害时，容易对植物造成伤害，须动作轻柔，不可莽撞。

实施建议　培养专心、细心的劳动习惯，积极探究问题背后的原因。

（三）防治病害方法

病害防治应贯彻“预防为主，综合防治”的方针。

1.常见病害预防

（1）加强植物检疫，防止病原物随种子、苗木和包装材料等从病区向无病区传播，特别要防止从国外输入危险性病原物。

（2）开展预测预报。对一些重要的流行性端病害，如稻瘟病、小麦条锈病、马铃薯晚疫病等，探索它们的发生规律、流行指标，及时发出预报，指导防治。

（3）播前预防。进行种子精选、消毒处理，在轮作中合理安排茬口、适期播种等措施，均可减少或推迟病害的发生。

2.常见病害的综合防治

（1）农业防治即采取技术措施，调节和改善作物生态环境，创造有利于作物而不利于病原物的条件，如注意间作、轮作、密度合理，注意通风、灌溉、施肥、防涝等。

正常情况下，植物内有对抗病毒和细菌的细胞，当机体免疫力低下时，细菌和病毒就会大肆繁殖，导致疾病的发生，最终导致植物器官功能障碍，甚至死亡。

（2）化学防治是使用化学药剂迅速控制病原物的手段。在用药时，要有针对性，应尽量减少广谱类药物的使用。

（3）生物防治即利用微生物或其代谢产物（抗生物质等）防治植物病原菌（包括土壤中的病原菌）。

3.学生操作练习

（1）1名学生用剪刀清理病害残叶残枝。

（2）1名学生用小喷壶喷施生物农药。

（3）1名学生进行灌溉与施肥操作。

4.重点难点解析

（1）病害病症的确定方法就是仔细观察，对照病害图谱仔细辨认。

（2）病害解决方案可以按照《可侵染性病害》表格对照选择。

（四）实践病害防治

1.实践安排

（1）每组6人左右，小组成员根据病害，讨论、确定防治方法。

（2）向教师汇报防治方法，教师确定该方法是否合理。

（3）领取防治用的材料或工具，小组内自行分工实施。

2.常见问题及纠正

（1）哪些病残叶需要清理，哪种植物需要连根清除，对学生来说很难判断，教师需要根据蔬菜品种与疾病情况进行现场指导。

（2）生物农药的调配需遵照说明书，对温度把控要严格，否则会影响防治效果。教师在分发农药时需要强调使用方法。

（3）如需追肥，需要在作物浇水后、水不流动时进行，如在浇水前施肥，易造成肥料堆积。

3.习惯养成

（1）细致、耐心地观察、分析、记录病害。

（2）正确使用剪刀、喷壶等劳动工具，遵守使用规则。

（3）在劳动过程中，按照步骤方法和技术规范进行操作。

（4）每项劳动实践结束后，做到工完场清。

实施建议 操作严谨规范、工具使用正确安全。

主题三：制作生态堆肥

•时间：60分钟

•重点与难点：

［重点］

1.堆肥原料的选择与处理。

2.堆肥理论知识。

［难点］

堆肥的步骤和方法。

•实践流程：

（一）认识堆肥的价值及作用

1.堆肥历史

（1）刀耕火种时期。此时，人类还没有固定的场所，不断开辟耕地，等肥力耗尽时再迁徙到其他地方。

（2）传统农业时期。这个时候的人类已经开始定居，发展出了种植和养殖业，因为有机物持续地返还土地，土地肥力一直保持到20世纪50年代。

（3）现代农业时期。城市化进程的加快及农药化肥、塑料薄膜的使用导致土壤板结构。此时，生态农业的概念应运而生。现代生态农业中关于施肥的一个重要指导思想是不同的作物和土壤采用不同氮、磷、钾比例的肥料，有针对性地满足作物生长的营养需求。

中国古代农民是生态农业的先驱实践者，他们使用天然的生物肥料，保持自然循环，以保证生态环境的可持续发展。商代将人粪尿作为肥料，西周开始增加田间杂草，汉代加入了蚕粪、羊粪、麋鹿粪、豆萁、动物骨汁、缫蛹汁等，到了北魏时期，就已经积累了非常系统的“踏粪法”积肥经验：牛粪尿加上秸秆，经牛践踏形成堆肥，对改良土地肥力形成很好的促进作用，这一做法一直流传于后世。此外，还发展出了用旧墙土或草木灰堆肥进行固氮的技术，在之后的农书记载中，更出现了人工栽培绿肥、硫黄、石膏等多种新型肥料的做法，进入宋元时期，有记载的有机肥料已多达60余种。这些传统的农耕方法，使中国成为农耕持续4 000余年的农耕古国。

生态农业、循环农业、有机农业、可持续农业、自然农法、绿色农业等农业观念，虽名称稍有差别，却有着共同的土壤学基础，其中土壤改良是一个非常重要的内容，而生态堆肥是我们保护土壤、改良土壤的一个重要举措。

实施建议　辨析劳动观念——劳动推进农业工具、技术、经验、理念的发展。

2.认识堆肥　堆肥是有机固体废弃物（包括有机垃圾、秸秆、人、畜、禽粪便、豆粕、农副产品和食品加工产生的固体废弃物）经微生物发酵，进行矿质化、腐殖化和无害化，使各种复杂的有机态的养分转化为可溶性养分和腐殖质，同时利用堆积时所产生的高温（60 ~ 70℃）来杀死原材料中的病菌、虫卵和杂草种子，达到无害化的目的的过程。

堆肥的作用包括废物利用、减少污染、改良土壤、提高产量、改善品质等，其中重要的有两点：一是可以把大量的有机废弃物转变为有用的产品，降低环境风险；二是能创造有价值的堆肥产品，可作为土壤改良剂或有机肥产品等。

实施建议　培养节约、创新意识，认识堆肥的作用。

3.堆肥分类　根据有机质、养分、含水量的不同，可将堆肥分为土壤改良型堆肥和肥料型堆肥：

（1）土壤改良型堆肥。土壤改良型堆肥主要原料是木屑、稻壳、树皮、树枝等难分解的有机物，含有更多的耐久腐质和微量元素以及多元化微生物，特点是养分少，但改善土壤环境作用大。

（2）肥料型堆肥。肥料型堆肥所需的原材料是易分解的有机物，比如家畜粪便。

实施建议	为便于劳动教育实施，在实践中选取了相对易得的堆肥原料，可以根据当地情况调整堆肥原料。

4.堆肥要素　堆肥涉及5个要素：营养、水、空气、温度和时间。

堆肥成功的关键是养菌。所谓成功堆肥，是指分解的过程可控，既不会慢到看不出来变化，又不会快到腐烂成一堆发出恶臭、招引蚊虫的状态。堆肥，其实就是利用各种细菌，把各种堆肥材料（如厨余）分解成小分子的养分，方便植物吸收。所以，制作堆肥最重要的工作就是营造细菌的良好居住环境。细菌与人一样，需要有食物、水和空气才能生存。所谓“营造细菌的良好居住环境”，就是指以平衡的方式给细菌提供食物、水和空气。

（1）细菌的食物。细菌的食物可以大致分为含碳量高的东西和含氮量高的东西。细菌生长需要碳和氮，碳可以提供能量，是合成细菌身体的主要成分，氮的作用是合成蛋白质。细菌需要均衡地吸收两种养分，以专业术语来说就是维持碳氮比在（25 ： 1）～（30 ： 1）。如果氮不够（碳氮比太高），细菌无法合成蛋白质，生长就会减缓；如果氮太多（碳氮比太低），细菌虽可以快速生长，但没用完的氮会以氨气的形式释放出来，就会产生臭味，而且氮都被浪费掉了。

（2）水。如果细菌没有水，成长就会变慢；但如果水太多，就会阻碍空气进入。在有空气的状态下，细菌会将有机质氧化分解，以获得能量及营养，这个过程会产生二氧化碳，但如果没有氧气，这个分解过程就会改为厌氧细菌主导，产生硫化氢之类的有毒气体，从而产生臭味。所以想要堆肥成功，不但要注意碳和氮的平衡，还要注意空气和水的平衡。这两个平衡都照顾好，是堆肥成功的关键。

（3）堆肥体积的大小。如果体积太小，热量就容易散失，导致堆肥不易发热；如果体积太大，空气就不容易渗透到最里面，会产生上述空气不足的问题。

（4）堆肥材料的颗粒大小。如果颗粒太大，表面积就相对较小，分解的速度就会较慢；如果颗粒太小，空气就不易进入，一样会产生上述空气不足的问题。

实施建议　把握关键要素，科学、正确地进行堆肥。

5.堆肥原料　丰富的堆肥原材料会让腐熟的肥料中富含多种功能性微生物和丰富的微量元素，改良土壤结构，对作物生长起到营养、调理和保健的作用。

生活生产中可以用来堆肥的东西有很多，判断堆肥原料搭配有一个重要指标，即碳氮比（C/N），合适的C/N有助于微生物分解发酵。

原料的C/N如果在30 ~ 50，则不用调节，直接加水打湿就可以发酵。随着发酵时间的增加，C/N也跟着下降，因为C元素与空气作用，产生的二氧化碳挥发了一部分，而N元素则被微生物分解后依然留在堆肥中。发酵完成时，C/N通常在15 ~ 20。

要增加土壤的腐殖质，就要选择C/N高的原料，比如稻壳、树枝等。原料的生长期越长、木质化程度越高，C/N也越高。

如果堆肥全部使用鸡粪（C/N为7 ~ 8），在发酵过程中，由于N含量高，氨气将挥发出来，导致营养流失，人也会闻到臭味。

堆肥常用的绿色材料和褐色材料见表6-5。

表6-5　堆肥常用的绿色材料和褐色材料

绿色材料（氮含量较高）	褐色材料（碳含量较高）
绿色的叶子	干叶子
蔬菜和果皮	干碎草
割草机割下来的绿色碎草	常绿针叶树木的叶子
绿色的花园废物	稻草
结籽以前的野草	麦秸
剩茶	修剪下来的枝条
咖啡渣	干衣机和吸尘器中的毛屑
花朵	鸟笼中的垃圾
豆粕	报纸和纸板箱
花生秧	锯末
苜蓿草	蛋壳

常见堆肥物料的碳炭比见表6-6。

表6-6 常见堆肥物料的碳氮比

堆肥物料	碳氮比	堆肥物料	碳氮比	堆肥物料	碳氮比
木屑	450 ： 1	油菜秸秆	70 ： 1	草木灰	23 ： 1
纸张、报纸	170 ： 1	猪粪	14 ： 1	咖啡渣	20 ： 1
树皮	125 ： 1	羊粪	25 ： 1	海藻	19 ： 1
枯草	80 ： 1	牛粪	25 ： 1	洋葱和辣椒	15 ： 1
松针	66 ： 1	鸭粪	8 ： 1	菜荚	12 ： 1
干树叶	60 ： 1	鸡粪	8 ： 1	番茄	12 ： 1
树叶（新鲜）	40 ： 1	咖啡渣	20 ： 1	花生秧	19 ： 1
水果皮及果心	35 ： 1	甘蔗渣	150 ： 1	大豆秧	32 ： 1
豆荚	30 ： 1	花生饼	7.7 ： 1	小麦秸秆	96.9 ： 1
红萝卜	27 ： 1	黄豆粕	5 ： 1	玉米芯	88.1 ： 1
野草	25 ： 1	菜籽饼	9.8 ： 1	稻壳	65 ： 1

搭配时计算碳氮比的方法为：

例如，用2千克菜荚与1千克干树叶混合，混合物的碳氮比为：

（菜荚的C占比 ×2＋干树叶的C占比）÷（菜荚的N占比 ×2＋干树叶的N占比），即（12×2＋60）÷（1×2＋1）＝84÷3＝28 ： 1。

实施建议 掌握基础知识是完成劳动任务的前提。

6.测温与翻堆　微生物会产生热量，不管是在冬天还是夏天，堆肥都能达到60～80℃的高温。在发酵的进程中，微生物种类不是一成不变的。一开始是丝状菌和细菌起主要作用，分解糖类和蛋白质；接下来是放线菌和真菌起作用，分解纤维素，这时材料开始腐烂；之后是担子菌在起作用，分解堆肥中的木质素。发酵完成的堆肥，看上去质地平均，像土一样，不过颜色比土的深。

温度是人类与微生物沟通的媒介，也是非常重要的检测堆肥质量的指标。在堆肥的过程中，需要每天定时定点记录温度，绘制表格，并及时进行翻堆。

7.翻堆操作的注意事项　放入原料后，肥堆会在当天就开始升温、堆至2～3天后，堆温升到50～60℃，称为高温阶段。这时须翻动肥堆，以便将外围的原料翻到中间较热的部分。然后，再将中间翻到外围，使整个肥堆的熟腐较均匀。如有两个或两个以上的堆肥网（或箱），可将物料由一个网内翻至另一个网内，或者将物料全部拉出堆肥箱外，然后再重新放入箱内。

（1）材料须充分混匀。

（2）水分调节至湿度60%。须用干材料，再浇水，仅用新鲜材料与干材料混合无法达到湿度均匀。

（3）通过打散的方式调节空气。

（4）翻堆的最佳时机：最高温下降5～10℃。

（5）尽量每1～2周翻动一次肥堆，以确保有足够的氧气。

（6）如果在收割后的田地进行堆肥，可使用单层松土法进行翻地，使用木桩来标记所要建立的区域，会使堆肥更加平整。为了加快肥堆的分解，堆肥的长宽高均应保持在1米左右，并在肥堆附近留出开放的空间，在需要的时候进行翻整。

8.实施步骤

（1）确定堆肥位置。

（2）平整土地。

（3）分工收集材料。

（4）按层堆肥并浇水。

实施建议 需要认真负责、安全规范、坚持不懈地参与劳动，形成诚实守信、吃苦耐劳的品质。

（二）学习堆肥方法

1.堆肥理论讲解与示范

（1）堆肥规格。参考值为长、宽1.5～2米，高1.2～1.5米。低于1.2米不利于积温、高于2米不利于人工操作。

图6-4 堆肥规格

（2）堆肥位置。堆肥前，要选择通风、不积水的地方，设置遮雨、遮阳措施，且基底不能浸水，应为平坦、凸起的圆拱形。不宜在风口和夏天容易暴晒的地方堆肥，而应在有树荫的地方，且不可靠近树根，避免堆肥的养分被树根吸收。长方形的堆肥最好设置为南北向，利于吸收阳光和热量。

（3）堆肥流程与方法。

①准备有机物：收集碳氮比适当的不同物料，切碎或撕碎至约5厘米长。

②准备场所：避免积水、淋雨，空气相对流通。

③划定堆肥范围：用4根木棍确定堆肥位置，长、宽均为1.5米。

④底层处理：在底部铺一层木棍，利于排水。

⑤堆积方式：将不同物料一层一层地放入堆肥箱内，每层10厘米厚。

⑥洒水：为确保有适量的水分，铺每层物料时须喷水，湿度为用手抓攥物料（必须是混合后的物料）介于有水滴出与无水滴出之间，似扭干的海绵状态。

⑦覆土：最顶一层应为约5厘米厚的泥土或一块厚布，以减少水分散失。

注意事项：与物料接触时，应戴上胶手套和口罩，以减少细菌感染。

实施建议 明确尺寸、位置，认真观察实操方法。

2.学生操作练习

（1）1名学生测量堆肥尺寸。

（2）学生示范制作铁丝网箱。用铁丝网围成高1米、直径90厘米的圆筒状（网长度大约290厘米），将木棍贴着网壁内侧砸入地中，再用绳或铁丝把网与木棍绑在一起。

（3）1名学生示范称重。将褐色材料与绿色材料称重至相同重量（如各10千克），目测大致体积，然后按碳氮比的要求，计算绿色材料与褐色材料的份数比。

（4）1名学生示范铡刀的使用方法。用铡刀将材料铡成5厘米后搅拌均匀，装入铁丝网桶内。

实施建议 总结劳动经验——注意动作、步骤地规范，总结操作经验。

3.重点难点解析

（1）收集的堆肥材料需要用铡刀碎成小片。

（2）堆肥步骤中的易错点：有机物的配比不对、洒水不充分。

实施建议 注意关键实操技能。

（三）实施堆肥

1.实践安排

（1）每组6人：2人平整土地，3人收集有机物，1人确定堆肥边界与规格。

（2）准备工作完成后，小组内成员一进行堆肥操作。

2.常见问题及纠正

（1）碳氮比计算错误。需教师及时检查各组计算过程并进行调整。

（2）堆肥材料散落出堆肥区域。需立即整改。

（3）水分不合理。可后期调节。

（4）收集有机物可能弄脏衣服，需准备手套或围裙。

（5）使用铡刀等锋利工具时，须有专人看护。

实施建议 分组分工明确，知道整体一道堆肥步骤。

3.习惯养成

（1）收集有机物时要保持场地清洁，禁止随处飘洒，培养细心、专注的劳动习惯。

（2）做事有条不紊、不慌乱，养成耐心、细心、严谨的劳动习惯。

（3）养成工完场清的劳动习惯。

实施建议 培养协作沟通、合作共赢的劳动精神和耐心、细心、严谨的劳动态度。

四、成果验收

• 活动时间：15分钟

• 活动说明：组织学生验收劳动成果

五、反思交流

• 时间：30分钟

（一）学生劳动小结

劳动完成后召集所有学生，先进行5分钟小组内分享，再由各组推举1～2人进行集体分享，包括劳动过程中的发现、感受、问题或创新。

（二）教师点评

教师对劳动过程、分享过程中出现的问题进行总结点评，主要包括学生是否能够清晰地表述劳动细节、能否发现问题、是否总结得合理全面等。

（三）经验反思、观念纠正

教师可以对当天学生的表现和事件进行梳理、例证，比如活动中有哪些学生遵守劳动规范、认真听讲、有创新意识、负责任、能帮助同学，有安全意识和良好的劳动习惯等。主要鼓励合作、努力、勤奋、乐观、探索等正面的劳动品质和精神，并对负面的观点和情绪进行非指责性的正向引导，纠正错误的劳动观念。

（四）评选先进

1.评选劳动小标兵　根据个人评价表的分数，评选出劳动小标兵。

2.评选劳动先进小组（优秀班级）

（1）汇总、公布成果验收的分数。

（2）颁发优秀小组奖章。

（3）组织学生参观优秀小组的劳动成果。

（4）对优秀小组的优势进行讲解，让其他组明确需要改进的地方。

3.劳动标兵评价标准　由个人、组内成员、教师分别评价后汇总表格分数。

学生评价表

评价维度	评价				
	评分内容	分数	自评	互评	师评
劳动观念	诚实劳动、辛勤劳动，认识到劳动创造价值	10			
	树立了解事物、探究问题、知而后行的劳动意识	5			
	认可可持续发展的环保理念	5			
劳动能力	能够初步判断病虫害类型	5			
	学会防治病虫害的基本技术和方法	10			
	知道生态堆肥的源起	5			
	认识堆肥要素与原料	5			
	掌握堆肥的基本步骤及方法	5			
劳动习惯与品质	在观察病虫害的过程中认真、耐心、细心，完成观察、收集任务	5			
	在防治病虫害、堆肥的过程中遵守劳动规范，按流程工作	10			
	在劳动过程中，能够相互配合、沟通协作	10			

（续）

评价维度	评价				
	评分内容	分数	自评	互评	师评
劳动习惯与品质	劳动结束后，工具及材料清洁归位，摆放合理，养成劳动后整理场地的劳动习惯	5			
	每次劳动结束后，认真参与总结、反思，清晰、完整地填写学生手册	5			
劳动精神	吃苦耐劳、不怕脏、不怕累	5			
	主动沟通，有合作意识，劳动氛围融洽	5			
	积极尝试和探索，反复练习，努力掌握劳动技巧	5			
总分		100			

4.优秀小组评价办法

（1）组建优秀小组成果验收小组，小组成员由教师和学生代表（每组1名）组成。

（2）评分方式：成果验收小组给各组的劳动成果打分，小组成员评价和教师评价各占总分数的50%，汇总得分后选出优秀小组。

备注：评价期间，其他小组成员可做一些劳动收尾或总结工作。

5.优秀集体评价标准　随队校领导、场地管理人员进行巡视评选，每月评选或两月评选一次。

评价表			
			○优秀小组/○优秀班级
评价维度	评分内容	分数	评分
劳动态度	积极参与，热情投入	10	
	氛围融洽，团队成员积极沟通配合	15	
劳动能力	安排合理，分工明确，有效协作	15	
	在劳动过程中积极探索，提升效率	10	
劳动习惯	工具使用规范	10	
	劳动步骤正确	5	
	能做到工完场清	10	

（续）

评价表		
		〇优秀小组/〇优秀班级
劳动精神	积极肯干、吃苦耐劳	15
	脚踏实地，诚实劳动	10
总分		100

六、榜样激励

智能农业管理App“慧植农当家”

“民本在食，国本在耕。务农重本，国之大纲。”农业是人类最古老的产业，而科技则是现代农业的催化剂。农业农村部印发的《数字农业农村发展规划（2019—2025年）》显示，2018年，我国农业数字经济占行业增加值比重仅为7.3%。到2025年，这一数字将力争达到15%以上。这意味着，利用人工智能（AI）、大数据等新技术推动农业进步，将成为科技工作者的新任务。

在农业病虫害防治中，植物病虫害识别是植物保护和利用的基础。在生产种植过程中，正确甄别植物病虫害、生理性病害、天敌发生情况，掌握有害生物及天敌的习性特点，避免盲目施药，是切实实践国家“双减”战略、树立广大农业生产者绿色防控意识、提升科学防控能力的第一步。

如何运用科技力量为农民提供一套专业、方便的识别工具和科学防治指导？中国植物保护学会针对此问题开展了多学科交叉研究，推动起“智慧植保”项目的探索与实践。

在2018年度中国植保学会的年会上，中国工程院院士陈剑平将全球领先的AI图像识别技术应用于农业植保领域，开发了基于AI与大数据的病虫害智能识别系统及综合应用项目。该项目可为农业生产者提供基于移动终端的病虫害即时识别工具，为农技人员提供辅助诊断工具，为测报人员提供信息采集和数据分析工具，并搭建专家交互平台，建立共赢机制，同时，为农业专家、监管部门提供基于植保大数据的产业分析、区域分析、趋势预测等分析报告。

在2020年华为HMS全球应用创新大赛上，以“科技惠农智胜虫害”为特色的“慧植农当家”获得了星光创意奖和最具社会价值奖两项大奖。“慧植农当家”的成功也向世人证明，用最前沿的新科技改造农业这一人类最古老的产业是具有价值性的大事。

实施建议	知道创造性劳动的重要作用：人民创造历史，劳动开创未来。劳动是推动人类社会进步的根本力量。

七、意识提升与激励

随着现代技术的发展和应用，农业不再是“面朝黄土背朝天”的艰辛劳作了，但仍然有很多农户没有形成观念上的转变，依然在滥用农药化肥。想要在保护绿水青山和维持农业发展上获得平衡，让农村真正实现绿色发展，就需要新一代建设者们在观念上深刻认识、在技术上有所突破、在方法上有所创新。但创新不是无源之水，只有深入农业生产的每一个环节，更多地了解、参与，才能发现、改进、创新。

保护绿水青山，助力生态农业，让我们共同努力。

八、知识链接

自制生物农药

如果将同类昆虫捣烂，放在水中任其发酵，就会产生大量的毒素和病原菌，其他健康的昆虫接触这些毒素和病原菌，就会被感染，并快速死亡。

比如说，白菜、萝卜、甘蓝、小青菜等绿叶菜一般都会受到菜青虫、小菜蛾、斜纹夜蛾、菜蚜、黄条跳甲、蟋蟀、蛴螬、地老虎的危害。如果这个地区每年的菜青虫都很多，那就可以在种植蔬菜的时候，在其他的菜地里寻找一些菜青虫的幼虫，装进矿泉水瓶子里捣碎，然后加一点水，放在太阳底下暴晒，等到完全腐烂以后，放在阴凉处保存备用。

当看到附近有菜青虫成虫的时候，正好是菜青虫的产卵期，再过5天左右，就可以将准备好的腐烂的菜青虫液体倒在小喷壶里，对着蔬菜进行喷洒，喷施的时候对着叶片背部效果最好。这样，菜青虫幼虫孵化后就会感染毒素或者病原菌，在3 ~ 5天内就会死亡。

实践证明，将菜青虫、小菜蛾、斜纹夜蛾、菜蚜、黄条跳甲、蟋蟀、蛴螬、地老虎等各种害虫，混合在一起，制成杀虫剂，效果更好，一次喷施可以杀灭多种害虫。对于地下害虫，也可以采用这种办法，将液体喷洒在有机肥里面即可起到良好的效果。

平时，也可以陆续采集害虫，将害虫添加到装有害虫尸体的溶液里。每次使用的时候，先摇匀，再静置30分钟，取上层液体进行稀释即可。

「注意事项」

1.土法配制的药剂臭味很浓，需要拧紧瓶盖，套上塑料袋，放在远离厨房、卧室、客厅的地方，最好埋在空闲的花盆里或者沙堆里用。

2.操作的时候应戴上手套，避免细菌感染。

3.配制的时候应远离水源，避免污染水源。

4.喷壶使用后要反复清洗再晾干。

九、课外劳动实践任务

根据学习情况，进行拓展训练。

要点摘记

病虫害防治和生态堆肥

第七章　农作物收获、分级与种子保存

01 课程引言

收获作物首先要看时机，这个时机可以按生长期来推算，但这个推算还并不准确，还要具体看作物的最佳采收特征，包括叶片颜色、果实大小、饱满程度、气温与地温等方面。大家在超市中会发现某些商品带有无公害产品、绿色产品、有机产品的标志，这些都是国家从食品安全与生态环境出发制定的农产品认证标准概念，明确这些概念的内涵，可以帮助我们识别商家的产品信息及其真实性。

02 课程介绍

本章包括以下内容：掌握红薯、玉米的采收时机与晾晒要求，知道大多数果类蔬菜和叶类蔬菜的采摘时机与保存要求；了解什么是分级，为什么分级，什么是国家农产品认证；了解农产品分级与食品安全和生态环境的关系等知识，并进行农产品初步分级；认识种子保存的重要性，学习种子保存的要求，学习留种与采收蔬菜种子的方法，并实践制作种子球；了解农产品加工的原因及方法，制作红薯干及红薯粉。

课程课时：3课时　　适用年级：初中二年级

03 课程目标

一、劳动观念

通过收获红薯、玉米等作物，并对其进行分级和加工，感受收获的辛劳与喜悦，体会劳动果实的来之不易，进而提高尊重劳动、珍惜食物的意识。

二、劳动能力

1.掌握红薯、玉米的采收时机与晾晒方法。
2.掌握大多数果类蔬菜和叶类蔬菜的采摘时机与保存方法。
3.学会收获红薯、玉米、菠菜的方法。
4.了解种子球，理解种子的保存方法，学会种子球的制作方法。
5.了解国家农产品认证标准，理解红薯、玉米、菠菜的分级标准。
6.学会制作红薯干与红薯粉。

三、劳动精神

通过收获、分级、加工农产品等实践劳作，树立吃苦耐劳、不怕脏、不怕累的劳动精神。

四、劳动习惯与品质

1.遵守劳动规范，按流程工作。
2.爱护工具，用完后及时清洁归位，摆放合理。
3.耗材及时回收，整理后有序存放，养成劳动后整理场地的劳动习惯。
4.积极参与总结与讨论，清晰、完整地填写表格。
5.主动沟通，积极分工协作，细心观察，认真操作。

04 教学准备

一、场地准备

待收获作物，收获作物的存放地。注意存放地与种植区不要相距太远，要有足够的存放空间且符合遮风挡雨或晾晒的要求。

二、经验准备

会使用电器或煤气灶具。

三、教具、工具和材料准备

活动内容	项目	物料名称
收获	教具	无
	工具	铁锹、小铲子、剪刀、麻袋或筐
	损耗性材料	细绳或可用作捆扎的自然藤蔓茎
种子保存	教具	无
	工具	盆（每组1个）、大纸箱
	损耗性材料	筛好的土壤、种子
农产品分级	教具	无
	工具	剪刀、手套、秤、袋子、容重器
	损耗性材料	细麻绳
	教具	无
	工具	锅、刀网架、竹篮、保鲜袋、盆、案板、切丝器
	损耗性材料	红薯若干、纱布

05 教学实施

一、课程导入

秋天是收获的季节，大豆、玉米、红薯等作物都陆续成熟了。那么，作物成熟后有哪些特征呢？到底什么时候可以采收，采收时候要考虑哪些问题呢？本节课将带领大家学习采摘、作物的分级加工、种子的保存及红薯加工的方法。

二、安全教育

1.搬运劳动工具时要注意安全。
2.使用劳动工具时，注意与同伴间的安全距离。

3.注意工具放置的位置，防止被绊倒或发生磕碰。

三、农耕实践

主题一：收　获

•时间：30分钟

•重点与难点：

［重点］红薯、玉米、番茄、茄子、辣椒作物的采收时机。

［难点］判断、确认作物采收的时机。

•实践流程：

（一）了解采收、晾晒与保存

1.红薯的收获时间及晾晒　影响红薯收获时间的因素有很多，这里主要介绍几个关键因素：红薯的种植时间、红薯地上部分的生长情况、土壤温度、湿度。根据红薯的种植时间判断，一般在5—6月种植的红薯在10月中下旬收获，稍晚一点种植的红薯在11月上旬至出现枯霜前收获完毕。

红薯的收获时间不能仅仅依靠种植时间判断，还要观察其地上部分生长的情况，即红薯藤蔓的生长情况。如果藤蔓生长旺盛，未出现叶片枯黄、藤蔓枯萎的情况，那么，这样的红薯还可以再生长一段时间；如果地上藤蔓出现叶片枯黄、藤蔓干枯，那么此时的红薯无需继续生长了，要及时将红薯刨出，避免在土壤中时间过长，天气变冷，发生冻害。

除了要考虑红薯的种植时间和地上部分的生长情况外，外界的气候条件以及土壤的温度、湿度也是很关键的参考标准。一般土壤温度即地温在18℃左右时，红薯块茎还会很少量地膨大，但当地温低于15℃时就会停止膨大，低于9℃时甚至会发生冻害，不及时刨出来的话，会使红薯块茎直接在土壤中腐烂。所以，当地温在18℃左右时就可以考虑收获红薯了。

另外，收获前还要考虑土壤湿度的问题。土壤太干会使土壤温差变大，不但会增加刨红薯的难度，还会增加红薯块茎破损的概率；相反，土壤太湿的话，刨出的红薯会带很多泥土，红薯块茎的水分含量会比较大，不利后期储存。土壤湿度的把握要以块茎能够轻松拔出，且不会带太多泥土为准。

红薯收获的时间关系到产量和质量，收获太早或太晚都会对其产生影响，因此收获时间要把握好。另外，在收获时，首先要注意尽量减少红薯块茎的破损，破损后的红薯块茎很难储存，而且比较容易滋生细菌；其次，如果收获时土壤湿度太大，可以将藤蔓割掉一部分，晒2天左右再收获。

通过晾晒，可以将红薯表皮的水分蒸发一些，这样不仅容易储存，不易腐烂，还可使淀粉转换为糖分，食用起来口感更加甘甜，同时，对于一些有细微伤口的红薯，经过晾晒，伤口会因“风干”而愈合，从而“封死”了细菌侵入红薯内部的通道，红薯就不容易腐烂了。在收获过程中，最好将破损、有虫眼等影响储藏的薯块剔除出去。

2.玉米的采收时间与晾晒

（1）采收与晾晒的相关知识。玉米通常有两种收获方式，一种是鲜食玉米，在玉米灌浆中后期、籽粒乳化中后期刚刚黑须时采掰。这时的玉米可作水果、蔬菜食用，口感好，淀粉含量低。另一种是作为粮食使用，这时就必须让其彻底成熟，再采掰。正常、健康的玉米植株，当所有叶片80%以上发生黄化，接近枯萎，几乎失去光合作用能力，植株走向衰老，生长接近停止时，是收获的最佳时机，此时的玉米品质最好，产量最高。

从具体玉米穗来看，当玉米的灌浆线（乳线）消失，或者当发现玉米粒的尖端出现黑色小点时，玉米就完全成熟了（图7-1至图7-3）。

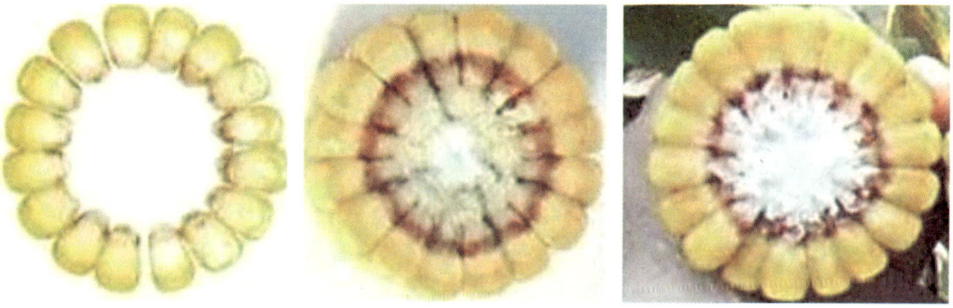

灌浆线出现　　灌浆线居中　　灌浆线消失

图7-1　玉米灌浆线分布图

图7-2　左边灌浆线消失，右边仍有灌浆线

图7-3　玉米粒尖端出现小黑点

玉米收获宜迟勿早，正常植株叶片枯黄，秸秆还是非常坚挺的，玉米穗掀开包衣后，可以暴晒一段时间。秋天雨水少，空气干燥，有利于玉米失水，这时候收获的玉米既便于脱粒，又便于晾晒和管理。脱粒后的玉米粒经过晾晒后，可以通过一捏、二看、三咬的方法来判断玉米是否达到安全水分。一捏是用手捏玉米籽粒，若发出清脆的响声，表面玉米是干燥的，声音越清脆越干燥，发出皮闷的声音是潮湿的。二看是看籽粒表皮褶皱的多少和深浅，程度较深的是含水分少的。三咬或用锤砸，既硬又易碎粉的玉米含水量最少，虽硬但不能碎粉的，只能裂开几片的，是含水量较多的玉米，还要继续晾晒。

（2）玉米的晾晒方法。

①田间站秆扒皮晾晒。当母本果穗进入蜡熟后期，从果穗顶部自上而下将苞叶剥开，要一剥到底，不能留在子粒上面。为防止苞叶复原，造成果穗基部积水，最好用麻绳或皮套将苞叶捆绑固定，使果实完全外露（图7-4）。

图7-4　田间站秆扒皮晾晒

②田间高茬晾晒。在收获果穗的同时，每隔4～6母本行留2行，将玉米茎秆割掉，留茬高50厘米左右，然后把果穗外部的苞叶剥掉，留里面的3～4片苞叶，每6～8个果穗捆成1把，挂在茬上，随扒随绑随挂，2～3天转动1次（图7-5）。

图7-5　田间高茬晾晒

③场院搭挂晾晒。在院内，用木棍、铁丝等材料搭成架子，架高150厘米左右，然后将8 ~ 10个果穗捆成1捆，搭在架上，2 ~ 3天转动1次（图7-6）。

图7-6　场院搭挂晾晒

④房顶、晒场晾晒。将干净苞叶、花丝的果穗平铺在晒场上，进行晾晒，要求果穗均匀摊平，不宜过厚，每天翻动1 ~ 2次（图7-7）。

图7-7　房顶、晒场晾晒

⑤网袋晾晒。将干净苞叶、花丝的果穗整齐装入网袋中，然后均匀摆放在通风良好的墙上、木架上或房顶上，2 ~ 3天转动1次方向。装袋时不宜过多、过实，以免影响晾晒效果（图7-8）。

在收获玉米的同时，也要清理玉米秸秆。玉米秸秆含有丰富的营养和可利用的化学成分，可用作畜牧业饲料的原料，或者将秸秆打碎后，作为菌类种植的基质。

图7-8　网袋晾晒

3.蔬菜的采摘与保存

（1）番茄。露天种植的番茄口感最好，所以夏天采摘番茄最佳。你所在地区的气候决定着摘番茄的最佳季节。一般播种后的55 ~ 100天就可以采摘番茄了，具体时间取决于它的种类。当番茄还是绿色的时候，可以将藤一起摘下。仔细观察番茄的表面，大多数成熟的番茄呈现亮红色，不过在炎热的天气里，成熟的番茄可能是橙黄色的。番茄的表皮应该是光滑有色泽的，没有任何黑斑或褶皱，如果有斑点，表明内部腐烂了。

在室温下，将番茄蒂朝下摆放能防止空气进入番茄，也能防止番茄中的水分从蒂的疤痕处散发，能保存大概1周左右。此外，也可将完整的五六分熟的番茄放进塑料食品袋中，扎紧口，放置在室内阴凉处，每天打开袋子1次，通风换气5分钟左右，如果塑料袋中有水，可以用毛巾擦干或换一个塑料袋。

番茄属于果菜类蔬菜，果菜类蔬菜属于冷敏性的，保存温度过低，易造成冷害，使蔬菜的营养流失，色泽、口感、质地等劣变。保存此类蔬菜，温度应为7 ~ 8℃，并用保鲜膜包裹，以保持水分，降低呼吸。特别需要注意的是，不太熟的番茄对低温更加敏感，所以保存温度最好在10℃左右，短期贮藏已经熟了的红色番茄，温度应在2℃。

（2）茄子。由于品种不同，时间也不尽相同，茄子的采收早熟品种在定植后45天左右采收，中熟品种在定植后55天左右采收，晚熟品种在定植后65天左右采收。茄子从开花到采收一般需20 ~ 25天，以采收嫩果为主，必须适时采收，才能提高品质。大果型品种的果实较大，可根据市场需要提前采摘。

可以通过看茄子蒂来判断茄子是否能采摘。茄子在生长的过程中，茄子蒂上会有一根较细的白线，这根白线会随着茄子的生长逐渐变化，在茄子成熟之后，白线就会消失，所以只要茄子蒂上的白线消失，就可以采摘了。

也可以通过看茄子的颜色判断茄子能否采摘。茄子在成熟前为青色，随着茄子的生长，会变为白色，最终成熟的茄子为紫黑色，所以发现茄子的颜色为紫黑色时，就可以采摘了。注意这种方法只适用于紫茄子。

还可以通过手感判断茄子能否采摘。在茄子刚生长出来时，捏起来手感较硬，个头较小，且表面较为粗糙；而成熟的茄子捏起来手感较软，且茄子表面较为光滑，所以捏起来较软的茄子就是可以采摘的。

茄子的萼片上有刺，又比较坚硬，稍不注意就会扎破手指。采收时可用剪刀剪，或抓住茄子猛往上提，但绝不能抓住茄子往下拉，否则会把茄果从萼片处拔掉，影响产品质量。

茄子的表皮覆盖了一层蜡质，这层蜡质会使茄子发出光泽，可以保护茄子。蜡质一旦被损伤，会使茄子受到微生物侵害，导致腐烂，因此，保存时不要用水冲洗，还要防雨淋、防碰撞、防受热，放于阴凉通风干燥处。一般情况下，我们可以用保鲜袋或者保鲜膜把茄子包起来，然后放到一个干燥的纸箱子里，再把纸箱子放到阴凉通风的地方。我们也可以用草纸把茄子包起来，然后将茄子把朝上，放到纸箱子里，再放到阴凉通风的地方。

（3）辣椒。辣椒在结果期可多次采收，从青果到老果均能食用，因此，辣椒的采收时间并不严格，一般在花凋谢20天左右即可开始采收。采收时，最好从底层往上采收，有利于上层辣椒的产生和发育。上层辣椒最好在辣椒开始由绿转红时再采收，此时的辣椒果皮由皱转平，色泽由浅转深并光滑发亮。在辣椒结果盛期，5天左右就能采收一次，如果准备制作干辣椒，则要待果实完全转红后再采收。采收最好在早上和雨后进行，中午水分蒸发多，品质有所下降。采收期间不宜浇水，防止辣椒植株受病虫危害。

采收后要及时清除病虫果，处理损伤果。辣椒适宜的保存温度为8℃左右，空气相对湿度为80%左右，保存时尽量不要偏差太大，一般直接放入冰箱就行。若在辣椒保存过程中出现辣椒干腐、软腐或坏死等现象，要及时清理。

（4）叶类蔬菜。蔬菜损耗率高，叶类蔬菜的损耗率更高，应根据不同叶类蔬菜的特性及用途确定采收标准，确保合理的采收成熟度和合理的采收时间，从而保证蔬菜的耐贮性。采前应注意控水，提高叶菜耐贮性。早晚温差大，采收后应注意保温、保湿、防冷害、防腐烂。最好采用薄膜遮盖、保温被覆盖、湿布覆盖、增加环境湿度等措施，保持菜体温度、湿度，保持贮藏环境温湿度，使叶菜处于最适宜的保鲜条件。注意采后各环节的合理衔接，以保持叶菜品质，延长蔬菜的保鲜期。

好的包装能保持叶菜的商品性，避免机械损伤，减少腐烂等，降低叶菜的损耗率。包装纸、保鲜膜包裹、包装盒、包装袋等为叶菜常用的包装方式。气调包装为新型包装方式，通过调整包装内的气体组成，达到抑制呼吸的目的，避免黄化、褐变、腐烂等问题，可大幅降低叶菜损耗率，并减少由此造成的经济损失，延长了叶菜的货架期。

实施建议 结合具体作物，让学生多观察、比较，明确作物成熟后最适合采收的时机。

4.实施步骤

（1）收获红薯前，先将红薯藤清理到地块边，然后挖取红薯，将红薯装箱运出地块，之后再做产品分级。

（2）收获玉米前，先掰棒，并直接剥掉玉米皮，把玉米运出地块，然后把玉米秸秆砍倒收回，之后再清理地块，挖出玉米根。

（3）茎叶类蔬菜，以收菠菜为例，先用小铲子铲断土中的菠菜根，然后将菠菜拔出，抖掉土，整理菠菜并捆扎。

（二）实践收获红薯、玉米、菠菜

1.收获红薯　先将红薯藤清理到地块边，用铁锹在距离红薯根部20厘米处向下深挖起土，尽量保证红薯完整，看到红薯大部分被起出后，可用手把红薯提出来，并抖掉土（图7-9）。

图7-9　收获红薯

想要寻找大块红薯，可以通过两种方式：一是看红薯根，红薯根越粗红薯越大；二是看红薯垄表面，如有明显隆起或裂缝，常常会有大红薯。一块田地的红薯收获之后，要把红薯藤清理出地块，之后可做饲料用（图7-10）。

图7-10　收获大红薯

2.收获玉米　玉米是比较常见的作物，在我国的种植范围比较广泛，果实一般在8—9月成熟，是冬季餐桌上的一道美食。很多人吃过玉米，但并不了解玉米的生长过程：玉米的一生从播种期开始，要经历苗期、穗期、花粒期，再到收获的成熟期。玉米的一生比较短暂，从播种到收获，也就短短90～100天的时间（图7-11）。

图7-11 玉米的生长

掰玉米的技巧是一只手抓住玉米棒，另一手扶住玉米秆与玉米棒的连接处，用力向下掰，一个玉米就下来了。如果玉米没有下来，可以手持玉米转圈，转几圈后玉米就下来了。

掰下来的玉米送到统一的筐里或者放在统一的位置用麻袋进行分装，方便运输。

玉米秆一般会用镐或铁锹从主根以下铲断，将玉米秆连主根挖出，将土敲落，放在地边晾晒，干后可做饲料或肥料。地面杂草可单独清除。

3.收获秋菠菜　菠菜原产伊朗，在中国普遍栽培，高可达1米，鲜绿色，柔嫩多汁，稍有光泽，其耐寒，所以可在秋季采收或者第二年采收。

菠菜收获不宜过早，一般要在11月中旬前后。收获要在早上9点左右，待菠菜的露水干后进行。收获时，用小铲子沿菠菜根部铲起，一手轻握住菠菜的叶子，将菠菜连根拔起，再将根部的土敲落在地上，最后将菠菜装入小筐内码好，运至指定地点。

用小细绳将菠菜茎部横着绑好，不能过紧，否则会把菠菜茎勒坏，但也不可以过松，让菠菜掉落。捆好后，摆放整齐（图7-12）。

图7-12 收获秋菠菜的过程

实施建议	在收获作物的过程中，要珍惜劳动成果，但同时，农产品有一定损耗是正常的，平衡效率与产品损耗一直都是农业生产要注意的问题。

4.学生操作练习

（1）清理红薯藤，挖红薯。

（2）掰玉米，砍玉米秆并清理地块，挖玉米根并清理地块。

（3）收菠菜，整理并绑成捆。

5.重点难点解析

（1）通过问答，强化记忆采收、保存的相关知识。

（2）教师以知识链接中“各种蔬菜适合采收的特征”汇总内容，结合实际作物，讲解如何判断蔬菜可以采收了。

（三）实践收获玉米、红薯、菠菜

1.实践安排

（1）收获玉米。2人一组，1人掰玉米，1人扶住玉米秸秆；1人用铁锹挖，1人扶住玉米秸秆；2人一起搬运玉米；小组成员围在玉米堆边上，剥完的玉米皮放在统一的位置，一起运走；小组成员围在盆边，将搓下的玉米粒放入盆内。

（2）收获红薯。6人组。3人分别站在一垄的两侧垄沟，将红薯藤清理干净；每组2名学生，分别站在垄的两端，用铁锹松土；小组全体成员站在垄沟内挖红薯，将红薯放入盆内，堆放在统一的位置。

（3）收获菠菜。6人一组，每垄安排2名学生，向中间用小铲子沿菠菜根部挖起；根据菠菜的量分配采摘的地块；捆菠菜可以2人配合，1人抓住一捆菠菜，1人用绳子捆住打结。

2.常见问题及纠正

（1）拉藤时，红薯有可能被拽断，所以要有1名学生将红薯藤从根部扯断。

（2）不要将红薯挖断，铁锹要深入红薯的垄边，慢慢翻起。

（3）对学生来说，捆扎松紧度较难把控，教师需要及时指导。

3.劳动习惯养成

（1）按采收步骤及要求进行操作。

（2）采收完毕之后，将收获的农产品整齐存放。

（3）采收完毕之后，清理地块内废弃的作物枝叶和藤蔓。

（4）劳动完成后，回收工具并整理场地。

（四）知识链接——各种蔬菜适合采收的特征

茄子：茄皮上出现紫色光泽时就可采收，表皮暗淡时就太老了。

土豆（马铃薯）：开花后就可以采挖。

南瓜类：待皮坚硬，指甲不易掐破时再采收（连着一寸长瓜藤割下，便于储藏）。

苦瓜：以嫩果供食，在颜色变淡、变白时采收（如不想吃起来太苦，可等苦瓜变微红后再采收）。

葫芦、丝瓜、西葫芦：要在清嫩时采收。采摘丝瓜花做菜的话，应在早晨昆虫（人工）授粉后进行。

黄（红）秋葵：在开花3～4天后采摘嫩果，品质最佳，长度超过8厘米就比较老了，只能做汤喝。

番茄：在果实均匀变红、变软之前采收。

胡萝卜、白萝卜、甜菜类根菜：在其根完全长大前采收，这时很脆嫩，生吃、熟食都可口。

豆类：在豆荚已完全长大，豆子嫩小时采收。

辣椒：青椒、彩椒、菜椒应在变得硬挺但未完全长大时采收；红椒应等果实完全变红后采收。

菠菜、生菜、香菜类（绿叶菜）：中等大小时采收最嫩，完全长大后太老。

白菜：在菜心变得结实时采收。

花椰菜：在菜花没有发散、变色之前就宜采收。

卷心菜：在菜心变得结实但并未裂开前采收。

洋葱：若采叶，趁球茎未长大前采收；若采球茎，应等到叶全部枯倒、萎缩至根部后采收。

在冰箱内储存叶菜类蔬菜时，最好使其根部向下竖着。因为相关研究发现，垂直竖放的蔬菜生命力强，葱绿鲜嫩挺拔，而平放、倒放的蔬菜易萎黄、打蔫。

主题二：制作种子球

•时间：30分钟

•重点与难点：

［重点］种子球的作用及制作方法。

［难点］制作种子球。

•实践流程：

（一）认识种子

1.关于种子　生物学意义上的种子指的是高等植物的繁殖器官。从裸子植物开始，植物界开始利用种子繁殖后代，之前的植物（苔藓植物之前为低等植物）大多用粉芽、芽孢或孢子繁殖。在日常生活中，我们看到的大部分植物都是种子植物，以裸子植物和被子植物为主，它们的特点就是用种子传播后代。

人类赖以为生的作物大部分为有果皮包被的被子植物，包括双子叶植物和单子叶植物，大豆、棉花、油菜、花生等属双子叶植物，而水稻、小麦、玉米、高粱、谷子等属单子叶植物。裸子植物种子裸露、没有果皮，如银杏、雪松、苏铁等。

种子与人类生活关系密切，除日常生活必需的粮、油、棉外，一些药物（如杏仁）、调味剂（如胡椒）、饮料（如咖啡、可可）都来自种子。许多种子都能食用，是餐桌上的美味佳肴，其中小麦、水稻、玉米、谷子、高粱等等禾本科谷物，是人类餐桌上的主力。

不同种子的重量差异很大，一个带着内果皮的椰子种子可以达几千克重，而药用植物马齿苋种子的千粒重只有0.13克。

一小粒种子中蕴藏着生命的所有信息。几千年来，农民熟知与自然和谐相处之道，在悠久的历史中，将培育的种子世代相传，由此产生的植物品种多样，适应当地环境，各具特征。在世界各地，适应当地环境的植物拥有丰富的遗传多样性，种子的分享、交换和交易进一步扩大了遗传的多样性。

然而，最近几十年来，情况发生了变化。技术进步和绿色革命以后，很多新改良的植物被视为专有产品，种子开始有了专利。为了提高产量和增加利润，以前自由授粉的种子渐渐被人工杂交取代。学习留种的技能，保护农业种子的多样性与人类共有性是非常重要的！

2.种子保存的方法　种子储藏是有一些基本原理的。首先，种子是活的有机体，通过新陈代谢来维持生命活动，同时与外界保持密切联系。种子在储藏期间进行新陈代谢作用的主要标志就是呼吸作用，因此，控制好种子的呼吸作用，保持种子旺盛的生命力，才能达到安全储藏的目的。

种子呼吸的方式有两种：一是有氧呼吸。有氧呼吸就是消耗氧气，氧化种子内的营养物质，产生二氧化碳、水和大量热能。有氧呼吸消耗的储藏物质会在种子堆内积累水和热量，给安全储藏带来不利因素。二是无氧呼吸。缺氧时，种子就会转向无氧呼吸，结果是除了产生二氧化碳和少量的热能外，同时生成了较多的乙醇（酒精），产生酒味，很快丧失发芽力。所以要保管好种子，必须控制种子的呼吸。

种子的呼吸作用受种子本身的含水量、环境温度与气体成分等条件的影响。其中，种子含水量和温度又是两个主要因素。

（1）种子含水量。充分干燥的种子，呼吸作用十分微弱，当种子吸湿变潮时，呼吸就会增强，水分越多，呼吸越强，形成一个十分明显的转折点。这个转折点在种子储藏上很重要，种子含水量在转折点以下时，基本上可以安全储藏，当种子含水量上升到转折点以上时，就会引起种子发热、霉变。实际工作中，将这个转折点称为安全水分。

（2）种子温度，种子的呼吸强度随温度上升而增强。降低温度是减小种子呼吸强度的有效途径。安全水分受制于温度，这是关系到种子水分和温度对呼吸作用的综合影响的问题。试验结果表明，由于种子含水量不同，呼吸作用随温度升降而变化的幅度也不同，含水量越低，则变幅越小。也就是说，温度越高，呼吸作用上升越快，即安全水分数值越小。如在北方寒冷地区，冬季种温很低，含水量达16%的禾谷类种子也可安全储藏，可到了夏季，种温升高，安全水分必须控制在13% ~ 15%以下。

种子的呼吸作用是储藏期间的主要生理活动，能否控制好种子呼吸，是关系到储藏成败的主要问题。影响种子呼吸的因素是多方面的，除了水分和温度这两个主要因素外，空气成分、种子质量情况（成熟度、净度等）以及种子中的微生物等也是不可忽视的因素。实践工作表明，种子要保持“干、冷、净”的状态，才能安全储存。

3.蔬菜留种　在所有作物中，蔬菜的品类是最多的。叶菜类要选取长势强盛的植株，病害株、瘦弱株不留种，错过留种季节的不留种，尽量在田头地角留种，这样既通风又不占地。果实类蔬菜除了要满足上述条件外，还要选择果实形状美观、饱满壮实的瓜果留种，且尽量选取靠下的部位，成双成对结荚的豇豆和四季豆要一对对地留种。

4.采收蔬菜种子　采收蔬菜种子最主要的是掌握采收时机，过早产量不高、质量不好，过迟会造成大量浪费。最佳的采收时机为：叶类菜种子用手轻轻一揉就可以脱粒；瓜类种子要黄熟，比如苦瓜的种子可以待其翻露出来再采收；茄果类要等完全成熟后采收；地下块茎类的在应在成熟后收获。

叶菜类种子采回来后，要及时晾晒，揉去种壳、清除杂质，最后再晒干存放。

有些种子瓜类，如南瓜、冬瓜摘回来后，可以等到吃的时候再将种子取出来清洗干净并晾晒；而有些种子，比如葫芦、瓠瓜、丝瓜，摘回后可以挂着让它风干，第二年春天取出种子播种；苦瓜、黄瓜、香瓜、西葫芦等采摘后则要及时挖出种子清洗并晾干，否则就容易烂掉。

豆类，如豇豆、四季豆、扁豆、黄豆、绿豆、花生等的种子可以带壳保存，也可以去壳保存。

茄果类蔬菜的种子，比如番茄、茄子种子，一定要在第一时间从果实中挖出来清洗并晒干；辣椒则可以整个存放，也可以将种子剥出来晒干后存放。

地下块茎类蔬菜，如红薯、芋头、大蒜、山药等可以在成熟后选取个头中等、圆润饱满、形状美观、无病害和损伤的单独存放。

采收种子最重要的是一定要及时采收、充分晾晒，另外要做好标识。注意，杂交作物是不能留种的，因为其性状不稳定。

5.保存蔬菜种子　晒干后的种子要及时装进密封容器中，铁盒、木盒、塑料瓶、玻璃瓶均可。一定要贴上标签，并注明生产日期，一般是一年的种子放在一起，并将种子集中放置在通风干燥阴凉处。在雨季过后的晴天，要清理和晾晒，以防霉变和生虫。

每隔三年淘汰一批种子。但是有的种子的发芽率高达十年以上，也可以多年存放，比如苦瓜。

6.制作种子球作用　首先是为了保存种子，另外是为了育苗。种子发芽需要水分、光照，我们将种子用泥土密封，降低了种子虫害、霉变、发芽概率，放置在通风阴凉处能够很好地保存种子。播种的时候，直接将种子球播撒在地里即可。

7.实践步骤

（1）盆内放土，加水，搅拌成泥。

（2）搓球，放入种子，摆放在指定位置。

（二）制作种子球

1.实操讲解

方法一：适用于较大的种子，如花生、玉米种子。

（1）给已经筛好的土加水，用木棍搅拌，或者直接用手搅拌，达到一定黏性。用手拿一小块黏泥按压成片，将种子放在中央，包裹在里面。

（2）在制作的过程中，也可撒些草木灰、油菜饼肥，作为很好的原始肥料，这样制作的泥丸种子既是种子，又是颗粒肥料。

（3）种植时，将这些种子放入软盘中。倒入一大把，用手掌转动这些泥种子。

（4）静等种子生根、发芽（图7-13、图7-14）。

图 7-13　制作种子球

图 7-14　玉米种子丸

方法二：适用于较小的种子，如菜籽、花籽。

（1）将大盆放在学生中间，请学生将所有的土壤和水分别倒入大盆里。让学生依次用手搅拌大盆里的混合物，如果觉得松散，慢慢加入更多的水，用手继续混合，直到有黏土的手感。

（2）将种子倒入混合的泥土里，继续搅拌，使种子混合均匀。

（3）用双手捧出一把黏土混合物，搓成圆球。如果土质干而散无法捏球，则酌量加水；土过软则加适量的土。

（4）将捏好的种子球放在大纸箱，所有种子球捏好后，将纸箱放入阴凉的地方干燥24 ～ 48小时。

（5）种植时，把干燥好的种子球放入要种植的地方。

2.学生操作练习　练习和泥。做成的种子球要既能成球，又不会太干或者太稀。

3.重点难点解析

（1）要控制水和土的量，不能太干或者太稀。

（2）种子要包裹在种子球的中间位置。

实施建议　两种制作种子球的方法都要实践。

（三）制作种子球

1.实践安排　约6人一组，先一起筛土，每组1个盆。1人负责加水，1人和泥。6人同时开始制作种子球，并把制作好的种子球铺平晾干。

实施建议　注意控制加水量。

2.常见问题及纠正

（1）加水过多，球太湿导致粘连。

（2）球体太大，土太厚，影响发芽。

3.劳动习惯养成

（1）将用过的盆洗干净，放回原位置。

（2）将多余的土壤和种子交还教师。

（3）种子球摆放整齐。

主题三：农产品分级

•时间：30分钟

•重点与难点：

［重点］国家农产品认证标准及农产品分级方法。

［难点］对采收的农产品进行分级。

•实践流程：

（一）农产品认证与分级

目前我国与食品安全和生态环境相关的食品认证形式有三种：有机产品、绿色食品和无公害农产品。三者从概念、生产标准、技术要求、认证形式和安全等级上具有明显差异（图7-15）。

图7-15　国家认证食品标志

1.无公害农产品　无公害农产品是指使用安全的投入品，按照规定的技术规范生产，产地环境、生产过程产品质量符合国家强制性标准并使用特有标志的未经加工或初加工的食用农产品。无公害农产品的定位是保障消费安全、满足公众需求。无公害农产品认证是政府行为，采取逐级行政推动，认证不收费。

无公害农产品在生产过程中允许使用农药和化肥，但不能使用国家禁止使用的高毒、高残留农药。

2.绿色食品　绿色食品指遵循可持续发展原则，按照特定生产方式生产，经农业部下属“中国绿色食品发展中心”认定，许可使用绿色食品标志，无污染的安全、优质、营养类食品。无污染是指在绿色食品的生产、加工过程中，通过严密监测和控制，防范农药残留、放射性物质、重金属、有害细菌等对食品生产各个环节的污染，以确保绿色食品产品的洁净。

绿色食品的优质特性不仅体现在产品的外表包装水平高，而且还包括内在质量水准高。产品的内在质量又包括两方面：一是内在品质优良，二是营养价值和卫生安全指标高。

绿色食品分为A级和AA级两个档次。AA级绿色食品在生产过程中不使用化学合成的肥料、农药、兽药、饲料添加剂、食品添加剂和其他有害于环境及身体健康的物质，按有机生产方式生产，产品质量符合绿色食品产品标准。A级绿色食品在生产过程中严格按照绿色食品生产资料使用准则和生产操作规程要求，限量使用限定的化学合成生产资料，产品质量符合绿色食品产品标准。

3.有机产品

有机产品是指在生产、加工、销售过程中符合有机标准的产品。有机标准简单地说就是要求在动植物生产过程中不使用化学合成的农药、化肥、生长调节剂、饲料添加剂等物质，以及基因工程生物及其产物，而且遵循自然规律和生态学原理，采取一系列可持续发展的农业技术，协调种植业和养殖业的平衡，维持农业生态系统良性循环。对于加工、贮藏、运输、包装、标识、销售等过程，要符合有机产品国家标准（GB/T 19630—2011）的规定。简单来说，有机产品的农残留为0，绿色和无公害产品在允许范围内可以有农残留。

有机认证证书的有效期为1年；绿色和无公害产品认证的有限期为3年。

实施建议　回顾国家农产品认证知识，强化记忆。

（二）红薯、玉米、菠菜的分级

1.实操讲解

（1）红薯分级。带好手套，每组一个袋子，将本组红薯中腐坏的、有虫害的挑出，放进袋子里。将其他红薯上面的泥搓掉，放在秤上称量，500 ~ 750克的为大薯，放在一起，300 ~ 500克的为中薯，150 ~ 300克的为小薯，150克以下的为微薯。按照不同的标准分类装箱（图7-16）。

（2）玉米分级。每个小组分别将玉米放入容重器内（图7-17），读取重量，然后进行分级。一个地块的玉米，一般不会相差太大，可按同等级处理。

图7-16 红薯分级

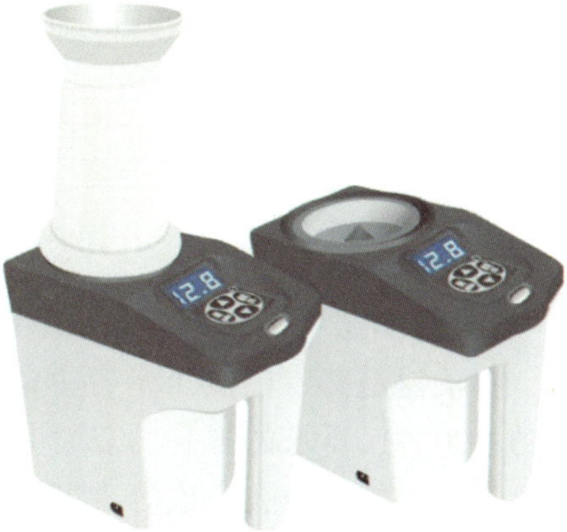

图7-17 容重器

（3）菠菜分级。将腐烂、有虫害的菠菜去掉，放进袋子里。剩余菠菜按照长度分类，每个小组2把尺子，按照大（大于30厘米）、中（20～30厘米）、小（小于20厘米）的标准分开摆放。

2.学生操作练习　使用容重器、尺子、秤等工具，完成分级工作。

3.重点难点解析

（1）会使用容重器，教师讲授使用方法。

（2）如缺乏测量工具，可依次提供大、中、小标准的菠菜，让学生目测，进行对比分级。

（三）实践作物分级

1.实践安排　因为分级工作较为安全，所以每个小组可按照自己组的情况分工合作，完成劳动任务。

2.常见问题及纠正

（1）教师注意学生对分级要求是否明确。

（2）教师注意提醒学生给分级后农产品留出足够的摆放空间，且要摆放整齐。

3.劳动习惯养成

（1）重视观察记录环节，养成仔细观察、科学记录的习惯。

（2）正确使用工具，对农作物进行正确分级。

（3）工具使用后应清理干净，并摆放整齐。

（四）知识链接

1.红薯分级　农业农村部颁发的甘薯等级规格见图7-18。

3.4　规格

以鲜食甘薯薯块质量为划分规格的指标，分为大(L)、中(M)、小(S)、微型(P)4个规格，规格的划分应符合表2的规定。

表2　甘薯规格

规　格	大(L)	中(M)	小(S)	微型(P)
单薯质量，g	≥500，≤750	≥300，<500	≥150，<300	≥30，<150

图7-18　甘薯等级规格

2.玉米分级　玉米等级是按单位体积内标准水分玉米的重量来划分的。

容重器是有专门测玉米容重的仪器，其容量为1升。按照国家标准（GB 1353—2009）要求的操作方法，即可测量玉米的容重。现行国家标准共分5个等级：一等容重大于或等于720克/升，二等容重大于或等于685克/升小于720克/升，三等容重大于或等于650克/升小于685克/升，四等容重大于或等于620克/升小于650克/升，五等容重大于或等于590克/升小于620克/升，容重低于590克/升的为等外品。

3.菠菜分级　农业农村部颁发的菠菜等级规格见图7-19至图7-21。

表1　菠菜等级

等级	要　求
特级	同一品种。整齐，清洁，完好，鲜嫩。无抽薹、分蘖，无损伤
一级	同一品种。较整齐，清洁，完好，较鲜嫩。无抽薹、分蘖，基本无损伤
二级	同一品种或相似品种。较整齐，较清洁，较鲜嫩，允许少量抽薹、分蘖，允许少量由冷冻、病虫害、机械原因或其他原因引起的轻微损伤

按株高规定菠菜规格，分为大(L)、中(M)、小(S)三个规格。具体要求见表2。

表2　菠菜规格　　单位为厘米

规　格	大(L)	中(M)	小(S)
株高	≥30	20～30	<20
同一包装中的最大和最小株高的差异	≤8	≤5	≤3

图7-19　菠菜等级规格

塑料筐包装

泡沫塑料筐包装

图7-20　菠菜包装方式图片

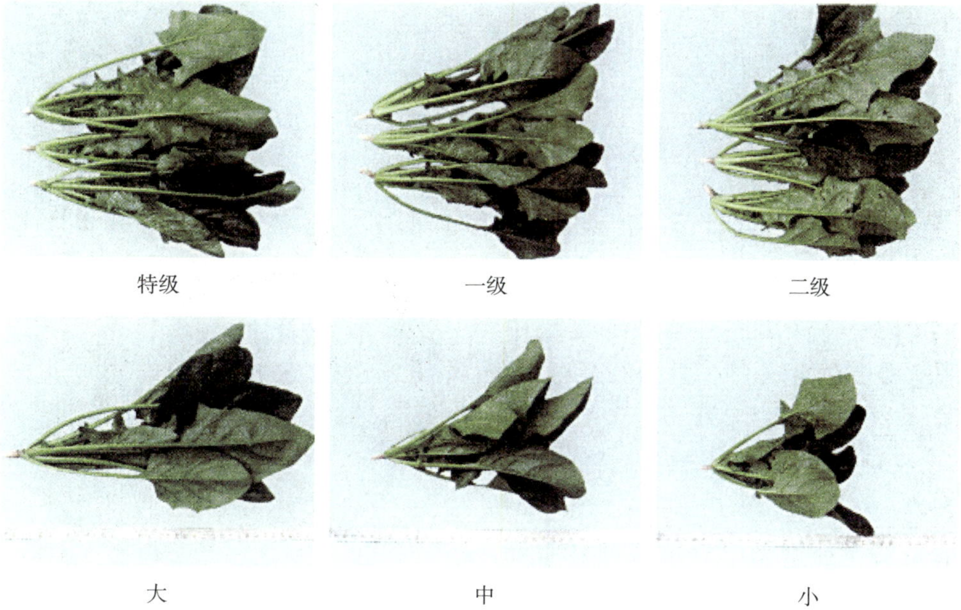

图7-21　规格实物图片

主题四：农产品加工

•时间：30分钟

•重点与难点：

［重点］进行农产品加工原因及方法。

［难点］制作粉条和红薯干。

•实践流程：

（一）了解农产品加工

1.进行农产品加工的原因及方法　红薯、玉米、菠菜基本是在同一时间采收的，吃不完会坏掉，所以要对农产品进行加工。

农产品加工是用物理、化学和生物学的方法，将农业的主、副产品制成各种食品或其他用品的一种生产活动，是农产品由生产领域进入消费领域的一个重要环节，主要包括粮食加工、饲料加工、榨油、酿造、制糖、制茶、烤烟、纤维加工以及果品、蔬菜、畜产品、水产品等的加工。农产品的加工过程及采用的方法因产品种类及消费要求的不同而有所不同。农产品加工可以减少农产品的体积和重量，便于运输，使易腐的农产品变得不易腐烂，保证市场供应，还可以使农产品得到综合利用，增加其价值，提高农民收入。

2.实施步骤

（1）制作红薯干。

（2）制作红薯粉。

（二）红薯干与红薯粉的制作

1.红薯干的制作

（1）准备适量红薯，将红薯置于流水下，仔细刷洗干净。

（2）将洗净的红薯放入蒸锅中，大火蒸制约50分钟，直到红薯可用筷子轻松扎透（图7-22）。

图7-22　红薯放入蒸锅中

（3）晾至红薯不烫手，将红薯皮剥掉，然后将红薯切成厚条（图7-23）。准备的干净网架、竹篮等网状容器，将切好的红薯摆放在上面。注意要分散摆放，以便于晾晒。

（4）移至阳光下晾晒（图7-24），约需4天时间，红薯会变得非常硬，将晒干的红薯干再次放入蒸锅，大火开锅后蒸10分钟取出。

（5）将二次蒸好的红薯干再次晾晒1天，待红薯干表皮干燥后，即可收回，装入保鲜袋中保存。

图7-23　将红薯切成厚条

图7-24　晾　晒

2.红薯粉的制作

（1）将红薯洗净刨丝（图7-25）。

（2）加水，将红薯淀粉搓出，重复此步骤，至少水清后不停止（图7-26）。

图7-25 红薯洗净刨丝

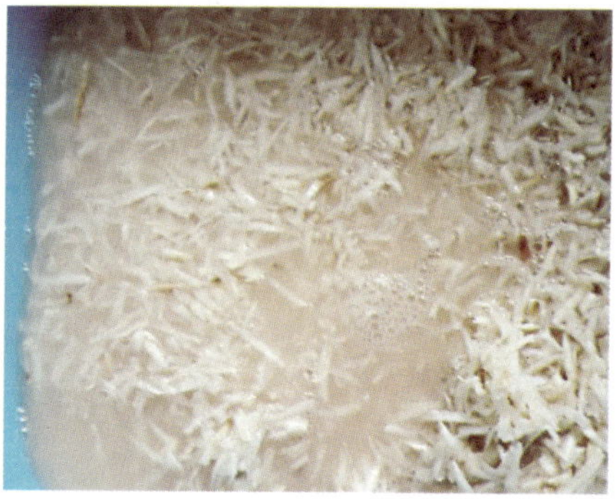

图7-26 加水，搓出红薯淀粉

（3）将搓好的水用纱布过滤，倒进桶里。全部完成后，将桶里的水静置半天或1天。沉淀后，桶上层是水，下层是淀粉，将水倒出。

（4）将淀粉加水和稀（图7-27）。

（5）蒸两分钟，变色便可取出。取出粉皮后，放进冷水里面浸泡一下，冷却后切粉（图7-28）。

图7-27 加水和稀

图7-28 蒸变色后浸泡，冷却

3.学生操作练习

（1）练习烧水、清理红薯、红薯切条等。

（2）练习红薯刨丝。

4.重点难点解析

（1）以提问的形式强化对于进行农产品加工的原因与制作步骤的知识记忆。

（2）注意切红薯时要厚薄一致且要蒸透；红薯粉水过滤后无杂质。

（三）实践制作红薯干与红薯粉

1.实践安排

（1）制作红薯干：清洗时，留2名同学烧水，其他人进行清洗工作。清洗后，2人将红薯放入锅内，1人试一下红薯是否熟了。如果锅的数量比较多，可以一组2个锅，3人看一个锅。最后，大家一起完成切红薯条、晾晒、装袋的工作。

（2）制作红薯粉：2人清洗红薯，4人刨红薯丝。2人一起搓1盆红薯丝，倒入桶内静置。2人和1盆粉，放入锅蒸熟。小组成员轮流切红薯粉。

2.常见问题及纠正　红薯切得太厚不易晒干，需重新切制。

3.劳动习惯养成

（1）重视观察记录环节，养成仔细观察、科学记录的习惯。

（2）按步骤正确操作。

（3）将使用后的工具清理干净放回原处。

四、成果验收

•活动时间：10分钟

•活动说明：组织学生结合评价标准，验收劳动成果。

五、反思交流

•时间：20分钟

（一）学生劳动小结

劳动完成后召集所有同学，先进行5分钟小组内分享，再由各组推举1～2人进行集体分享，包括劳动过程中的发现、感受、问题或创新。

（二）教师点评

教师对劳动过程、分享过程中出现的问题进行总结点评，主要包括学生是否能够清晰地表述劳动细节、能否发现问题、是否总结得合理全面等。

（三）经验反思、观念纠正

教师可以对当天学生的表现和事件进行梳理、例证，比如活动中有哪些同学遵守劳动规范、认真听讲、有创新意识、负责任、能帮助同学、有安全意识和良好的劳动习惯等。主要鼓励合作、努力、勤奋、乐观、探索等正面的劳动品质和精神，并对负面的观点和情绪进行非指责性的正向引导，纠正错误的劳动观念。

（四）评选先进

1.评选劳动小标兵　总结根据个人评价表的分数，评选出劳动小标兵。

2.评选劳动先进小组（优秀班级）

（1）汇总、公布成果验收的分数。

（2）颁发优秀小组奖章。

（3）组织学生参观优秀小组的劳动成果。

（4）对优秀小组的优势进行讲解，让其他组明确需要改进的地方。

3.劳动标兵评价标准　由个人、组内成员、教师分别评价后汇总表格分数。

学生评价表

评价维度	评价				
	评分内容	分数	自评	互评	师评
劳动观念	通过收获红薯、玉米等作物，并对其进行分级、加工，感受收获的辛劳与喜悦，体会劳动果实的来之不易，进而提高尊重劳动、珍惜食物的意识	20			
劳动能力	掌握红薯、玉米的采收时机与晾晒方法	6			
	掌握大多数果类蔬菜和叶类蔬菜的采摘时机与保存方法	6			
	学会收获红薯、玉米、菠菜的方法	3			
	了解种子球，理解种子的保存方法，学会种子球的制作方法	6			
	了解国家农产品认证标准，理解红薯、玉米、菠菜的分级标准	6			
	学会制作红薯干与红薯粉	3			
劳动习惯	遵守劳动规范，按流程工作	6			
	爱护工具，用完后及时清洁归位，摆放合理	6			
	耗材及时回收，整理后有序存放，养成劳动后整理场地的劳动习惯	6			
	积极参与总结与讨论，清晰、完整地填写表格	6			
	主动沟通，积极分工协作，细心观察，认真操作	6			
劳动精神	通过收获、分级、加工农产品等实践劳作，树立吃苦耐劳，不怕脏不怕累的劳动精神	20			
总分		100			

4.优秀小组评价办法

(1) 组建优秀小组成果验收小组成员由教师和学生代表（每组1名）组成。

(2) 评分方式：成果验收小组给各组的劳动成果打分，小组成员评价和教师评价各占总分数的50%，汇总得分后选出优秀小组。

备注：评价期间，其他小组成员可做一些劳动收尾或总结工作。

5.优秀集体评价标准　评比方法：随队校领导、场地管理人员进行巡视评选，每月评选或两月评选一次。

评价表

○优秀小组/○优秀班级

评价维度	评分内容	分数	评分
劳动态度	积极参与，热情投入	10	
	氛围融洽，团队成员积极沟通配合	15	
劳动能力	安排合理，分工明确，有效协作	15	
	在劳动过程中积极探索，提升效率	10	
劳动习惯	工具使用规范	10	
	劳动步骤正确	5	
	能做到工完场清	10	
劳动精神	积极肯干、吃苦耐劳	15	
	脚踏实地，诚实劳动	10	
	总分	100	

六、榜样激励

将一生奉献给黑土地的“稻花香之父”——田永太

在2016年“中国品牌价值评价信息”榜单上，以“稻花香”为典型代表的五常大米以639.55亿元的品牌价值高居大米品牌榜首，而一手缔造了如此辉煌的田永太，却低调地表示自己不过是幸运地捡到了一株天然杂交水稻。

1969年临近秋收，五常龙凤山乡发生了一场严重的早霜，一夜之间，数百亩农田面临颗粒无收的惨状。身为生产队长的田永太意识到“光靠外地引进的种子是不行的”，于是决心“非得拿出个当家稻种来”。田永太走遍了龙凤山乡的300公顷稻田，寻找可用作稻种的的成熟稻谷。最终，他在“稻海”里意外发现了几株焦黄的稻穗，不仅带芒而且圆润饱满。他精心保管稻种，来年种下后，仅仅这几株稻种，竟然收获了48斤水稻。他把这个在五一村发现的由7个稻穗培育出的稻种命名为“517”。耐寒、高产、抗病的“517”成为五常乃至哈尔滨地区的当家品种，自此开启了五常大米的时代。

1991年的秋天，在曾经发现“517”的同一块水田里，田永太再次遇到了大自然万分之二的馈赠——一穴健壮秀美的自然变异水稻。

1999年，一株其貌不扬的水稻再次在数以亿万计的稻穗中进入田永太的视野。这株水稻颜色不好看，焦黄色，稻壳上还有褐色斑点，水稻表面的皮质有裂纹，就是这么一株“病稻”，被田永太准确地识别出来，几年后，经由这株黑黑黄黄的稻谷培育出的“稻花香2号”让五常大米在未来的几年里品牌价值大跨步跃进，甚至带动了整个东北大米的知名度和美誉度。

2002年，“稻花香2号”开始在五常市推广，种植面积迅速从5万亩发展到30万亩、50万亩，后来发展到如今的几百万亩，“五常大米稻花香”已成为国内最好吃的大米的代名词。

“我就是个农民，不过是找到了几束稻穗，培育了斗升种子。农民世世代代的念想就是丰收。好稻种，就是农民所有念想的希望。”这就是田永太的朴素愿望，是这位将一生奉献给黑土地的“稻花香之父”对稻种事业的无限挚爱和造福百姓的情感。

七、意识提升与激励

在大规模农业生产中，生产效率与产品损耗一直是一个需要平衡的问题。农产品中的蔬菜、水果在流通领域的损耗是很大的，为了保鲜，商家采取了各种方法，如提前采收、冷藏保存、冷藏运输、调气保存、喷保鲜剂等，但这样的大幅提高农产品的成本。农业生产活动也是经济活动，要有意识地从经济角度看待农业生产行为。

八、课外劳动实践任务

根据学习情况，进行拓展训练。

要点摘记

农作物收获与制作种子球

第四篇
农机互联网时代篇

第八章　小型农机具的使用与物联网技术

01 课程引言

在中国，1个农民可以养活5个人；在德国1个农民可以养活150个人；在农产品自给率只有40%的日本，1个农民也能养活63个人。究其原因，是发达国家的农业在机械化、信息化、智能化方面的技术非常先进，提高了农业生产效率。中国的农业现代化，任重而道远！

02 课程介绍

本章将带领学生了解柴油机与汽油机，学习微耕机的启动方式、微耕机的安全操作规则，并实践微耕机耕地；了解微耕机的维护保养、物联网和农业物联网的概念、三大类农业物联网系统以及农业物联网的功能。

同时学习并实操农业物联网开关与远程温度湿度设备。通过上述内容的学习，提升学生对于科技促进生产力的认识，明确科技农业、智慧农业的发展方向。

课程课时：2课时　　**适用年级：初中二年级**

03 课程目标

一、劳动观念

通过了解农业生产“力”的发展，学习使用微耕机与农业物联网设备，理解科技对农业生产方式的改变，明确机械化农业、智能化农业发展的必然性，进而认识到劳动推动技术发展，改造世界的道理。

二、劳动能力

1.学会微耕机的启动方法。
2.学会微耕机挂挡、倒挡、转弯、停机的操作方法。
3.掌握微耕机的维护保养知识。
4.掌握连接物联网开关与物联网温湿度计的操作方法。

三、劳动精神

积极尝试、探索，反复练习，努力掌握设备的使用方法。

四、劳动习惯与品质

1.遵守劳动规范的要求，按流程工作，安全作业。
2.爱护工具和设备，用完后及时清洁归位，合理摆放。
3.耗材及时回收，整理后有序存放，养成劳动后整理场地的劳动习惯。
4.积极参与总结与讨论，学生教材表格填写清晰、完整。
5.主动沟通，有合作意识，劳动氛围融洽。

04 教学准备

一、场地准备

翻耕地块、温室。

二、经验准备

掌握发动机、网络、WiFi、手机卡等名词概念。

三、教具、工具和材料准备

活动内容	项目	物料名称
微耕机的使用	教具	小型柴油微耕机
	工具	螺丝刀、钳子、扳手、手套、围裙（或劳保罩衣）
	损耗性材料	柴油、机油
农业物联网	教具	配合讲解的图片
	工具	物联网开关、物联网温湿度计、普通温度计、湿度计
	损耗性材料	农家肥

05 教学实施

一、课程导入

传统的翻地操作都是用人力犁，如果用牛来耕地，每天可耕2～3亩，而一台小巧的微耕机可以旋耕设施内的10余亩土地，在大田作业的大型农机效率更高。农业在发展之初就是刀耕火种、铁犁牛耕，并且这种劳作方式持续了很长一段时间，有的地方至今依然延续着铁犁牛耕的传统劳作模式。

二、安全教育

1.注意按微耕机的操作要求进行操作。

2.注意人与设备保持安全距离。

三、农耕实践

主题一：微耕机的使用

•时间：1小时

•重点与难点：

［重点］微耕机的使用方法及注意事项与保养。

［难点］微耕机的使用方法与操作。

•实践流程：

（一）农业生产“力”的发展简述

我国作为传统的农业大国，以畜力牵引和体力劳作为主的小农经济一直延续到近代。

随着隆隆作响的蒸汽时代的到来，机器开始逐渐代替手工工具。原有的以畜力、水力和风力等作为动力的简单器具已经无法满足农业劳作需求，机械化农业工具开始出现。

从20世纪80年代开始，我国的工业化生产效率得到了大幅度提高，大型、综合型农业机械被广泛使用，开启了农业生产新时代，改善了长久以来“面朝黄土背朝天”的农业生产模式，将落后低效的传统生产方式转变为先进的大规模生产模式，大幅提高了生产效率及生产力水平。

从农耕时代到工业时代再到信息时代，技术力量不断推动农业生产方式的更新换代。现在，我们已经进入了互联网时代，从整体上看，当前的农业机械化还缺乏信息化的支撑，只是实现了用机器代替人的纯劳力替换，互联网时代的到来，意味着农业生产正在由机械化时代向信息化时代、智能化时代发展。

在一些发达国家，机械化农业、信息化农业已深入到了农业生产领域的各个环节，从翻地、播种、除草、浇灌、收获到农产品分选、包装、深加工，其与农业生产的结合是广泛而深入的，信息化农业将是农业发展的新阶段！

（二）微耕机相关知识与使用

1.了解柴油机与汽油机　翻耕类机械设备以燃油设备为主。燃油微耕机分成柴油机与汽油机，其区别在于所用的发动机的燃料是柴油还是汽油。

相对于汽油微耕机，柴油微耕机的动力更强、燃料价格更低，但本体价格较高。这是因为柴油微耕机的制造结构与汽油微耕机有差别，汽油微耕机一般采用铝合金材质，柴油微耕机大多为铸铁材质，所以，柴油微耕机的制作成本比汽油微耕机高，重量也比同功率的汽油微耕机大。柴油微耕机适合对作业强度要求较高的地区使用，例如硬土质地区、连续作业时间长的地区等；汽油微耕机适合果园、菜园、蔬菜大棚等对机型轻便度要求较高的地区。如果对微耕机的作业要求不高，就没必要买柴油微耕机，汽油微耕机噪声小，机身更轻巧，转速也高，价钱还便宜。农耕用的机器，首选柴油机，因为在耕田过程中，没有一定重量是不可能高效率把田耕好的。另外，柴油机结构相对简单，全靠压缩燃烧，不会出现电路故障。柴油机，除非质量差的机器，只要保证柴油的清洁、水冷散热的正常和机油的润滑情况，就不会出现问题（图8-1、图8-2）。

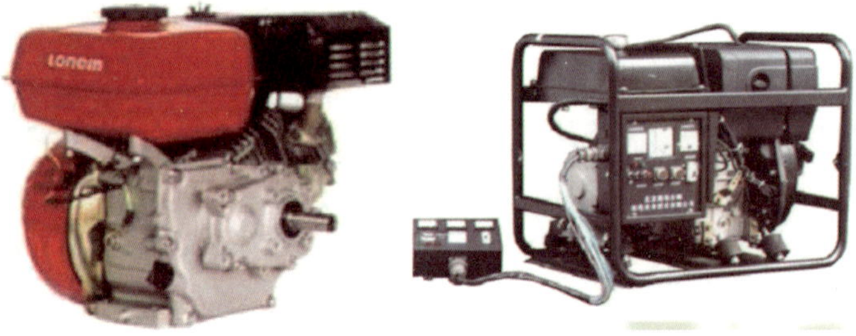

汽油机（以汽油为燃料）　　柴油机（以柴油为燃料）

图8-1　汽油机和柴油机

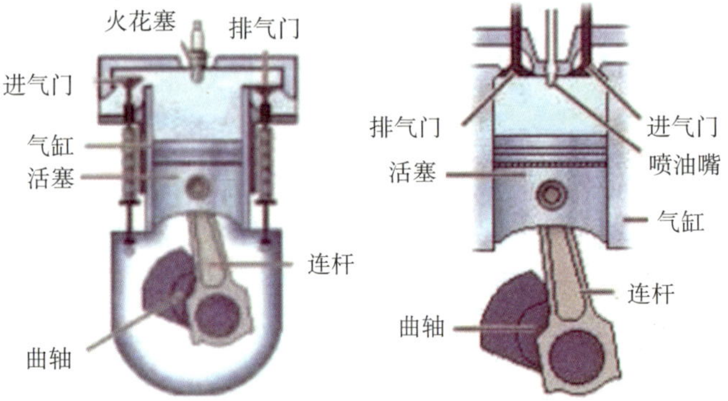

汽油机的构造　　柴油机的构造

图8-2　汽油机和柴油机的构造

2.微耕机的启动　常见的内燃机有汽油机和柴油机，以单缸四冲程汽油机和柴油机为例，其一个工作循环都由吸气、压缩、做功、排气4个冲程组成，其中，只有做功冲程对外做功，其他三个冲程要靠飞轮的惯性完成，所以，汽油机和柴油机都需要外力驱动，使其转动起来，先完成第一个做功冲程，然后才能自行转动起来（图8-3）。

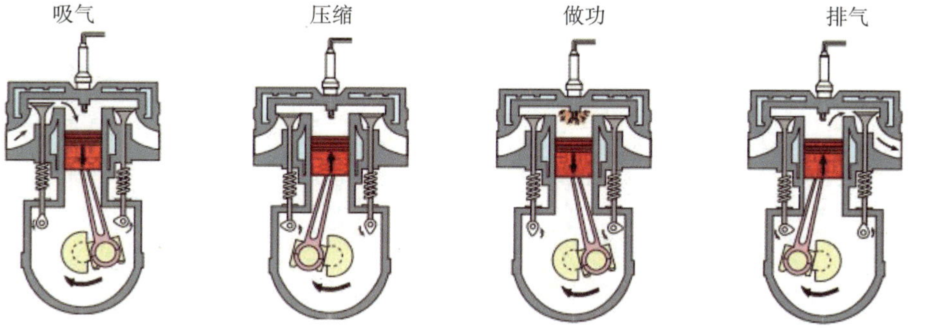

吸气冲程：进气门打开，排气门关闭，活塞向下运动，汽油和空气的混合物进入汽缸。

压缩冲程：进气门和排气门都关闭，活塞向上运动，燃料混合物被压缩。

做功冲程：在压缩冲程结束时，火花塞产生电火花，使燃料猛烈燃烧，产生高温高压的气体。高温高压的气体推动活塞向下运动，带动曲轴转动，对外做功。

排气冲程：进气门保持关闭，排气门打开，活塞向上运动，把废气排出汽缸。

图8-3　四冲程汽油机工作示意图

所以，不仅柴油机启动可用摇把摇动，汽油机启动也可用摇把摇动，有的将绳带绕在一个轮子上，用力一拉，相当于用摇把摇动。当然，现在汽车上都用电动机驱动，用钥匙一拧，打开电动机电路开关，电动机转动，带动汽油机工作。

手摇启动主要是让发动机转动，进入工作循环，然后相关单元按部就班地工作，完成发动机的启动。不管是汽油机还是柴油机，在启动时都需要外力，使其先转起来，只是有些使用的是人力，比如拖拉机手摇启动、摩托车脚踏杆启动等，还有一些是电启动，比如汽车，但是其本质都是一样的。

3 微耕机的安全操作规则

（1）使用微耕机之前，要认真阅读微耕机附带的使用说明书，全面了解微耕机的构造、原理、调整、保养和安全规定，以免出现威胁人员和机械的安全问题。

（2）安全第一，操作人员应特别注意机器上的安全警示标志，详细了解标志内容，并严格按照规程进行操作。

（3）微耕机操作人员要按要求穿着工装，防止衣服、头发、毛巾等不合规程的穿着与佩饰被运动部件缠绕而造成伤害。同时，要做好所有外露旋转部件的安全防护，减少事故的发生。

（4）微耕机作业前要将各连接紧固件的螺栓拧紧，包括发动机支撑连接部分、发动机消声器、行走箱部分、压箱部分、空滤器等。

（5）启动发动机前，注意检查离合器是否在分离位置，变速杆是否放到空挡位置（不允许带挡启动，危险！）。开车之前要发出信号，警示附近人员离开机具，进入安全地带，特别注意不要让儿童靠近机具。发动机启动时，如发现异常声音，要立即停车，熄火检查。

（6）严禁疲劳或酒后操作微耕机。中间换人或清除缠绕刀架的杂草时，一定先熄火。新机禁止大负荷作业，田间转移应换轮胎。

（7）严禁在坡度过大的山地、田块作业。在坡上作业时，应防止微耕机倾倒伤人。移动田块或过沟坎时，机器必须熄火，用人力移动；更换旋耕刀具时，机器必须熄火，切断动力。

（8）补充燃油时，发动机必须熄火，且现场严禁烟火，防止发生火灾。

（9）不能将微耕机交给不熟悉微耕机操作的人员使用，以免发生安全事故。

实施建议 了解微耕机的安全操作规则，回顾知识，把安全操作规则打印出来并张贴。

4.劳动步骤介绍

（1）了解柴油微耕机。

（2）尝试使用柴油微耕机翻地。

（三）学习使用微耕机及微耕机的保养

1.微耕机的正确使用方法

（1）启动发动机后，应在低速空负荷情况下运转5 ~ 10分钟，发动机运转正常后，才能起步进行工作。

（2）挂Ⅰ挡。左手抓紧扶手左边离合手柄，使离合器分离，右手将变速器操作杆往后拉，待进入挡位后，左手再慢慢地松开离合手柄，使离合器接合，与此同时，右手大拇指轻推油门手柄，适量加大油门，微耕机即按Ⅰ挡工作。

（3）挂Ⅱ挡。左手抓紧离合手柄，使离合器分离，右手将变速操纵杆往前推，待进入挡位后，左手再慢慢松开离合手柄，使离合器接合，同时右手大拇指轻推油门手柄，适量加大油门，微耕机即按Ⅱ挡工作。

（4）倒挡。左手抓紧离合手柄，使离合器分离，右手将变速操纵杆推拉到空挡位置，再用右手抓紧手右边倒挡手柄（抓紧倒挡手柄前，先将倒挡锁打开），这时右手不能放松，左手慢慢松开离合手柄，同时用右手大拇指轻推油门手柄，适量加大油门，微耕机即按倒挡工作。当不用倒挡工作时，先将油门放到发动机低速运转位置，再用左手抓紧离合手柄，然后才能松开右手紧握的倒挡手柄，将倒挡锁放到锁紧位置，确认倒挡齿轮分离无误后，再慢慢松开离合手柄。

（5）行走间换挡时，应先将发动机油门减小，然后使离合器分离，当机器将停止运动时，再进行换挡。

（6）转向。用双手紧握扶手，向左或向右扳动即可转向。在转向时，不能抓错倒挡手柄，以免打坏齿轮。

（7）停机。在需要停机时，须使离合器分离，机器不再向前（或向后）运动。当需要发动机停机时，应先使发动机处于低速空转状态，再按发动机使用说明书规定的操作步骤进行。

2.微耕机的维护保养

（1）微耕机完成作业之后，如果是汽油机，要将发动机的启动拉绳拉到压缩位置，把气门堵上，避免灰尘进入；如果是柴油机，也要让活塞处于压缩位置，堵上气门。

（2）完成作业后，应及时检修和保养机件，清除犁体、地轮及旋耕机上的泥土与杂草，以确保下次作业时能够顺利启动。

（3）每工作3～5个班次后，应注意加注润滑油。加油时，注意各传动部位及传动链条处的润滑油要加到位，不可遗漏。同时，注意检查链条的紧张度，清扫空气滤清器以保持清洁。

（4）避免超负荷运转。发动机在磨合期不能满负荷运转，要严格按照使用说明书的要求进行磨合。

（5）按时更换机油。机油的选择非常重要，不适合的机油会引起活塞环的黏合，导致活塞环烧坏，还有可能加速缸套、轴承和其他运动部件的磨损，降低机器的功率，缩短机械的使用寿命。

（6）每隔两年或工作2 000小时需进行集中保养。集中保养时，应拆开全部零部件并清洗干净，检查零部件的技术状况和磨损情况，必要时进行修理或更新。待整机装好后，要先进行磨合和试运转，才能投入正常使用。

（7）预备在相应时间内闲置的机械，首先应清除变速箱内的机油和脏物，注入新机油。然后，将传动链条浸油，螺丝紧固部位打点润滑油，脱漆部位应及时修复。最后，将整机表面清洗干净，把机器存放在室内通风、干燥、无腐蚀性气体的安全地方。

实施建议 了解微耕机的安全操作规则，回顾知识，把维护保养要求打印出来并张贴。

3.学生操作练习

(1)先选1名学生尝试使用微耕机，教师指导点评，其他学生围观学习。

(2)安排其他学生轮换尝试。

4.重点难点解析

(1)教师注意微耕机正确启动与停机方法的演示。

(2)教师注意演示、讲解控制微耕机方向与深浅的方法。

(四) 实操微耕机

1.实践安排　约2人一组操作微耕机，操作过程中，1名学生操作，另1名学生负责看护，轮流体验操作微耕机。微耕机效率高，需要安排较大地块进行实践操作，在操作中记录工作时间，对比在相同时间内，翻耕了多大面积。

2.常见问题及纠正

(1)操作微耕机时，应保持直线及匀度。

(2)注意微耕深度。下压力度越大、速度越慢翻耕得越深。

(五) 劳动习惯养成

1.完成工作后，清理微耕机泥土并归位。

2.回收并清洁螺丝刀、钳子、扳手、手套、围裙（或劳保罩衣）。

实施建议　通过操作翻耕机并记录工作时间，切实认识到机械作业对于提高农业生产效率的作用。

主题二：农业物联网

•时间：1小时

•重点与难点：

[重点] 农业物联网系统与功能的相关知识。

[难点] 连接物联网开关与物联网温湿度计的操作方法。

•实践流程：

(一) 农业物联网系统与功能

1.物联网与农业物联网的概念　物联网是指通过各种传感器、射频识别技术、全球定位系统、红外感应器、激光扫描器等装置与技术，实时采集需要监控、连接、互动的物体或过程的声、光、热、电、力学、化学、生物、位置等各种需要的信息，通过各类可能的网络接入，实现物与物、物与人的泛在连接，实现对物品和过程的智能化感知、识别与管理。物联网是互联网由人向物的延伸，是万物互联。

农业物联网是物联网在农业领域的应用，是实现农业领域物与物、物与人的泛在连接，进而对涉农物品和过程进行智能化感知、识别与管理，是农业信息化的重要内容。

2.农业物联网系统的类别　农业物联网系统有的按照农业生产对象的类型和农业子行业的特征、农业产业链的环节来分类，有的按照系统的基本功能来分类。粗略地，我们可将农业物联网分为三大类：

（1）种植业物联网。种植业物联网是根据植物类农产品生产的特点研发应用的农业物联网系统。农作物和农产品的标识多是以地块、包装为单位的群体，很少定位和跟踪植物本体；主要感知的是空气温湿度、土壤温湿度、光照、二氧化碳浓度等植物生长需要环境要素；控制的主要是温湿度、灌水、施肥、授粉、除草等栽培要素的机械和设备。

（2）养殖业物联网。养殖业物联网是根据动物类农产品生产的特点研发应用的农业物联网系统。动物和农产品的标识多是以个体和包装为单位的群体，需要定位和跟踪动物本体；主要感知的是空气温湿度、光照、氧气和一氧化碳、氨气、硫化氢、甲烷等有毒气体等动物生长需要的环境要素和体温、血压、脉搏等本体信息；控制的主要是空气温湿度、饮水、饲料、运动、繁殖等饲养要素的机械和设备。

（3）其他农业物联网。不能列入种植业、养殖业的农业物联网统称其他农业物联网。例如仅服务于农产品销售环节的物联网，通过在生产环节给农产品本身或包装中加装RFID（电子标签），并在运输、仓储、销售等环节不断添加和更新信息，搭建农产品宣传、交易、安全质量溯源的系统；再如仅服务于森林防火的物联网、仅服务于野生动物保护的物联网等。

3.农业物联网的功能

（1）标识与识别。如用RFID/二维码标识与识别畜禽个体、小包装的农产品群体，以便联网辨识农产品的安全质量。

（2）定位与跟踪。如用北斗卫星确定小麦收割机作业地块的位置、检测收割机作业运行的轨迹，可方便农机调度和作业量统计。

（3）环境感知或本体感知。环境感知如监测日光温室的空气温湿度等，本体感知如监测奶牛的体温和血压等，可以利用互联网随时随地展示和查询。

（4）报警和预警。如日光温室内高温的报警、病虫害发生期的分析预报，以便农户提前准备及时进行病虫害防治。此外，还可以监视农业机械、设备的工作状态，进行故障报警。

（5）远程自动控制。如自动控制温度通风、大田作物的远程智能灌溉等。

（6）网络信息采集利用。如采集和发布互联网中的涉农政策法规、农产品加工及物流信息、农产品市场行情、农资供求信息、农业技术信息、农业专家的咨询服务等，实现有针对性的综合信息服务。

4.劳动步骤介绍

（1）了解具体的农业物联网设备。

（2）尝试组装与应用。

（二）学习使用农业物联网设备

1.大棚作物物联网监测仪　大棚作物物联网检测仪（图8-4）用于监测种植农作物的大棚环境的变化，包括空气温湿度等传感器（探头如图）和远程通信工具。其中，物联卡犹如手机卡，可连接电信公司的移动网络，将大棚作物生产环境变化的数据实时传输到互联网的云端服务器上，经云计算大数据处理后，生成查询信息、曲线图和预警信息、栽培建议，再通过手机发送给生产者，生产者可及时采取科学的栽培措施管理好农作物。下面我们就来一起安装、连接一下这个设备，看看如何操作（图8-5）。

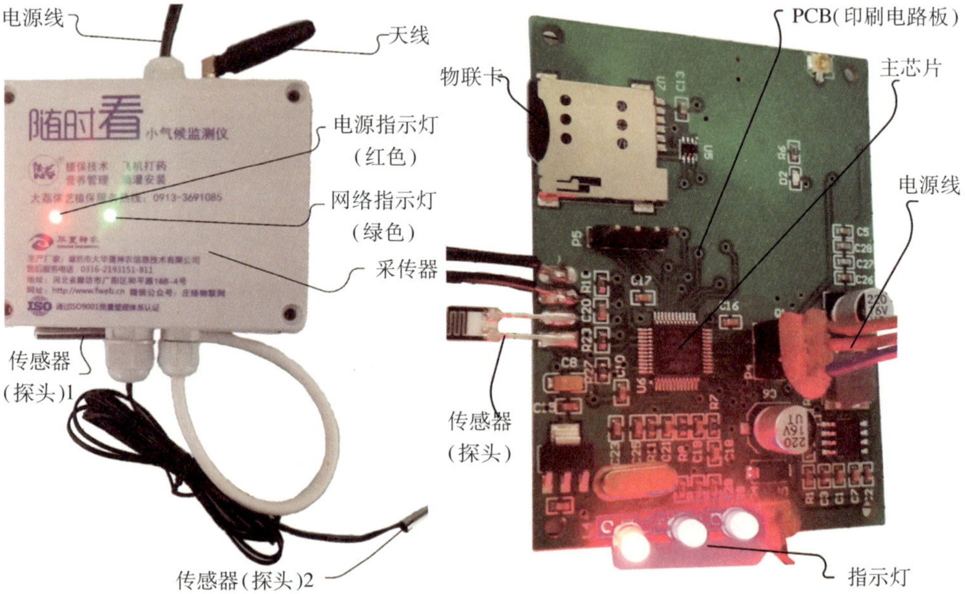

图8-4　大棚作物物联网监测仪

（1）安装监测仪。首先认真阅读监测仪的安装手册，按照手册的指导进行安装。对于大棚作物，一般将监测仪采传器悬挂在大棚中部，空气温湿度等空间传感器距离畦面1.5～2米，这是小气候监测的标准高度。土壤温湿度传感器则应安装在土壤5～15厘米深处。安装过浅，传感器不牢固；安装过深，则会反应不灵敏。

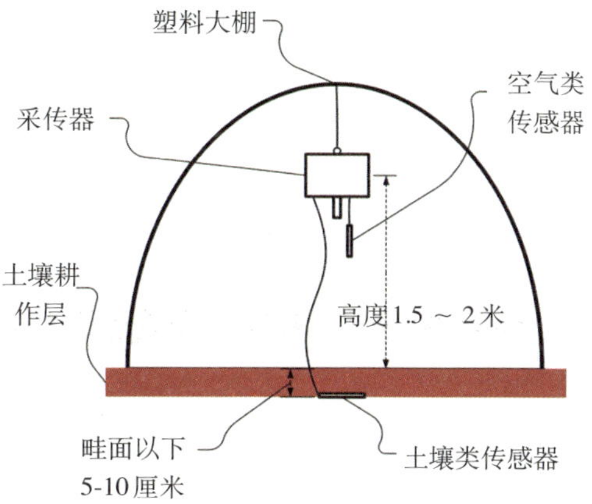

图8-5 大棚作物监测仪安装位置

（2）接通电源，启动监测仪。接通电源，观察指示灯，电源灯(红色灯)长亮，表明电源已正常接通；观察网络状态指示灯(绿色等)，如果在持续1～3分钟后，由闪烁变为长亮，说明注册成功，监测仪已经联网成功，已开始监测。

（3）安装手机App软件。将配套的App软件下载、安装到手机内，按照给定的用户名和密码登录（图8-6），选定所监测的大棚。

图8-6 手机App软件安装与登录

（4）查询监测数据，浏览曲线图。选择App菜单中的“实时监控”，可以选择查看环境要素当前的实时数据，选择“今天”“昨天”“前天”按钮可查询最近三天的历史数据。此外，还可浏览这三天的历史数据逐时曲线图，分析大棚作物生产环境变化的规律和趋势，对不同环境要素进行同期变化曲线比较，了解各个环境因素对于该作物的综合影响（图8-7）。

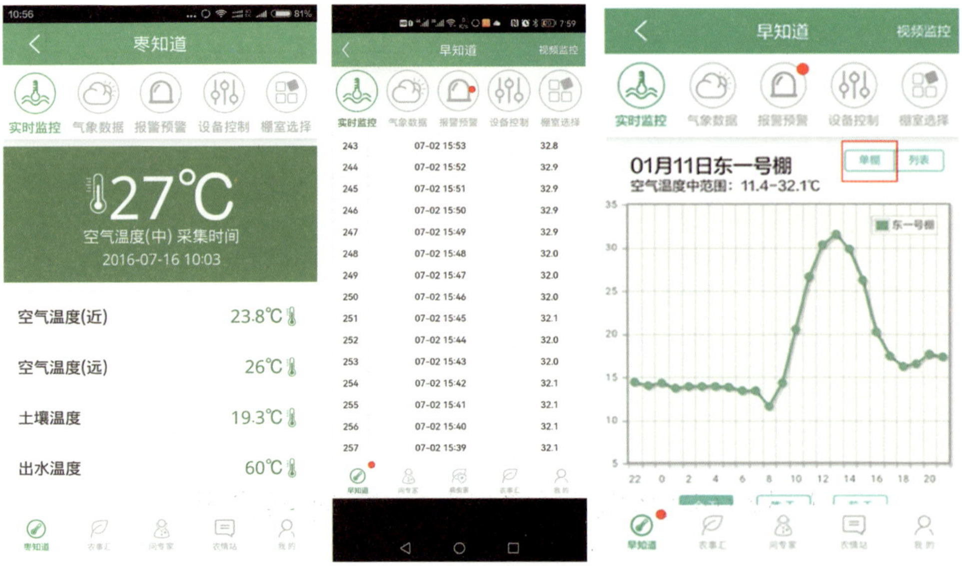

图8-7　远程查询数据显示曲线图

（5）报警和预警。报警指当监测到某环境要素，如大棚气温达到灾害阈值时，App会发出警笛声并显示高温数值和警情提示。预警是根据监测的大数据实时分析，提前预测到灾害阈值即将到来，提前推送警笛声并显示诸如“气温在××分钟后将达到××℃，请尽快采取通风、喷淋、遮阳等降温措施”的提示。

报警和预警的阈值是以大数据分析作为模型参数设置的。例如，点击“报警预警”菜单，会出现报警信息列表。点击中部的绿色“参数配置”按钮后，选择要设置的报警参数，如“高温报警”，进行参数设置。点击屏幕中上部右侧的绿色圆柱按钮，使之变成灰色，可以暂停该项报警。利用报警功能还可监测农机或物联网的故障状态，如掉线、掉电、主机过热等。如要测试报警功能，可以将传感器置于极端环境之中，例如将气温传感器置于热水之中，测试手机是否收到高温报警信息（图8-8）。

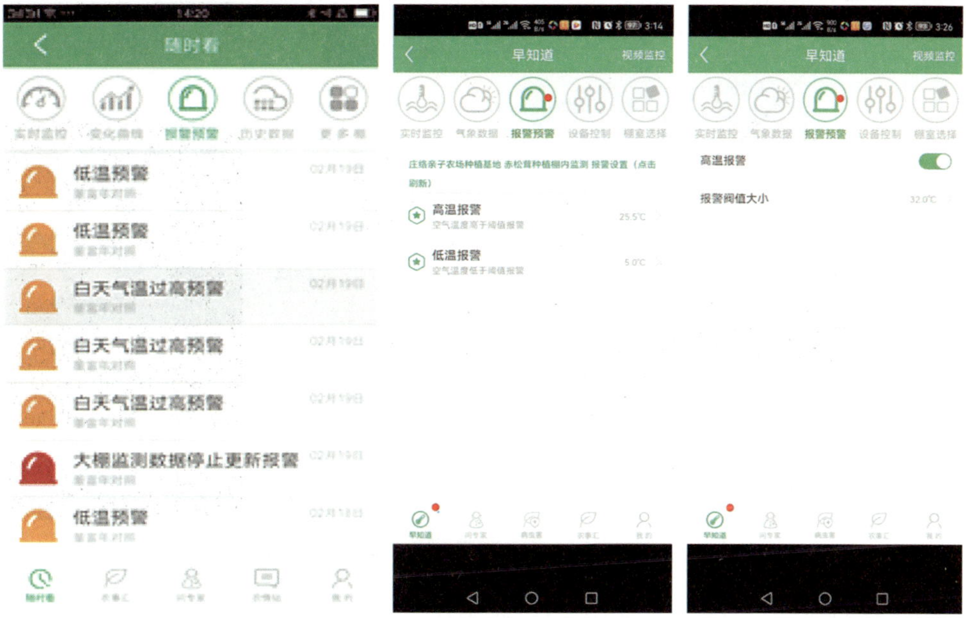

图8-8　报警预警功能的应用

2.大棚物联网监控器　大棚物联网监控器具有环境监测和设备控制两大组件（图8-9）。传感器的安装位置同监测仪，控制器则尽量接近执行机构，二者多以无线传感网相连。控制器还可以通过继电器连接开膜机、补光灯、水泵等执行机构，根据监测数据的变化进行智能化的自动控制、手机远程控制和现场手动控制。尤其是基于物联网的智能化的自动控制，实现了农机作业的精准化、智能化，将机械化农业向前推进了 大步。下面我们来连接一下这个设备，看看应如何进行操作（图8-9）。

3.学生操作练习　2人一组，尝试使用大棚作物物联网监测仪与监控器。

4.重点难点解析

（1）以提问或让学生读自己笔记的方式，强化农业物联网的概念、系统与功能。

（2）按设备使用要求正确操作农业物联网设备，并反复检查，确认操作步骤。

（三）操作物联网开关与温湿度计

1.实践安排　分组尝试操作两种物联网设备，包括注册登录、查看、控制开关，用普通温度计、湿度计测环境情况，对比物联网传感器的温湿度是否准确。

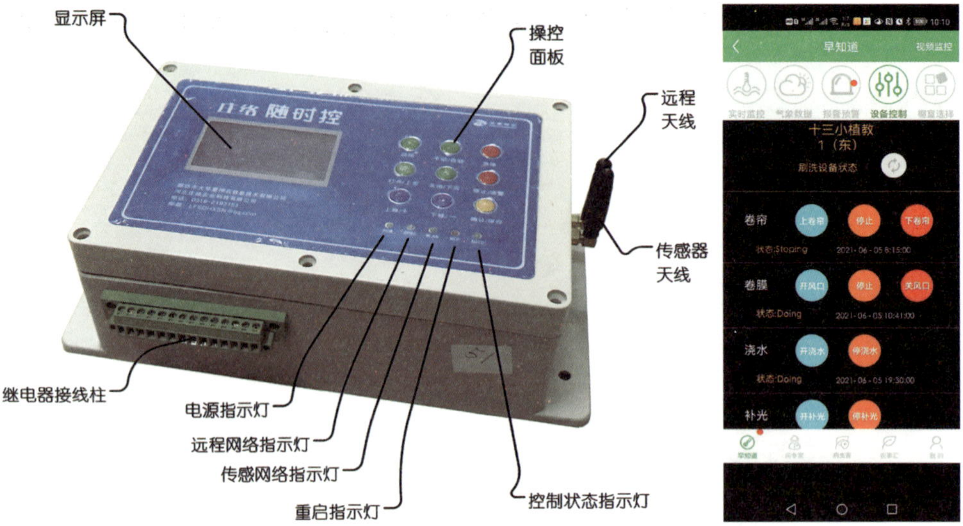

图8-9　大棚作物物联网监控器与远程控制界面

2.常见问题及纠正　可能出现注册错误或操作步骤问题，可通过反复检查操作步骤的方式来纠正错误。

3.劳动习惯养成　交还设备，不乱放。

四、成果验收

- 活动时间：10分钟
- 活动说明：组织学生结合评价标准，验收劳动成果。

五、反思交流

- 活动时间：20分钟

（一）学生劳动小结

劳动完成后召集所有同学，先进行5分钟小组内分享，再由各组推举1～2人进行集体分享，分享劳动过程中的发现、感受、问题或创新。

实施建议　推测农业机械化、农业物联网可能存在哪些问题。

（二）教师点评

教师对劳动过程、分享过程中出现的问题进行总结点评，主要包括学生是否能够清晰地表述劳动细节、能否发现问题、是否总结得合理全面等。

（三）经验反思、观念纠正

教师可以对当天学生的表现和事件进行梳理、例证，比如活动中有哪些同学遵守劳动规范、认真听讲、有创新意识、负责任、能帮助同学，有安全意识和良好的劳动习惯等。主要鼓励合作、努力、勤奋、乐观、探索等正面的劳动品质和精神，并对负面的观点和情绪进行非指责性的正向引导，纠正错误的劳动观念。

（四）评选先进

1.评选劳动小标兵　根据个人评价表的分数，评选出劳动小标兵。

2.评选劳动先进小组（优秀班级）

（1）汇总、公布成果验收的分数。

（2）颁发优秀小组奖章。

（3）组织学生参观优秀小组的劳动成果。

（4）对优秀小组的优势进行讲解，让其他组明确需要改进的地方。

3.劳动标兵评价标准　由个人、组内成员、教师分别评价后汇总表格分数。

学生评价表

评价维度	评价				
	评分内容	分数	自评	互评	师评
劳动观念	通过了解农业生产“力”的发展，学习使用微耕机与农业物联网设备，认识到科技对农业生产方式的改变，明确机械化农业、智能化农业发展的必然性	20			
劳动能力	学会微耕机的启动方法	5			
	学会微耕机挂挡、倒挡、转弯、停机的操作方法	5			
	掌握微耕机的维护保养知识	5			
	掌握连接物联网开关与物联网温湿度计的操作方法	5			
劳动习惯与品质	遵守劳动规范的要求，按流程工作	8			
	爱护工具和设备，用完后及时清洁归位，合理摆放	8			
劳动习惯与品质	耗材及时回收，整理后有序存放，养成劳动后整理场地的劳动习惯	8			
	积极参与总结与讨论，学生教材表格填写清晰、完整。	8			
	主动沟通，有合作意识，劳动氛围融洽。	8			
劳动精神	积极尝试、探索，反复练习，努力掌握设备的使用方法	20			
总分		100			

4.优秀小组评价办法

(1) 组建优秀小组成果验收小组，小组成员由教师和学生代表（每组1名）组成。

(2) 评分方式：成果验收小组给各组的劳动成果打分，小组成员评价和教师评价各占总分数的50%，汇总得分后选出优秀小组。

备注：评价期间，其他小组成员可做一些劳动收尾或总结工作。

5.优秀集体评价标准　随队校领导、场地管理人员进行巡视评选，每月评选或两月评选一次。

评价表			
		○优秀小组/○优秀班级	
评价维度	评分内容	分数	评分
劳动态度	积极参与，热情投入	10	
	氛围融洽，团队成员积极沟通配合	15	
劳动能力	安排合理，分工明确，有效协作	15	
	在劳动过程中积极探索，提升效率	10	
劳动习惯	工具使用规范	10	
	劳动步骤正确	5	
	能做到工完场清	10	
劳动精神	积极肯干、吃苦耐劳	15	
	脚踏实地，诚实劳动	10	
	总分	100	

六、榜样激励

•活动时间：20分钟

中国农机现代化的领军者——罗锡文

罗锡文，中国工程院院士，华南农业大学教授，南方农业机械与装备关键技术教育部重点实验室主任。他长期从事农业工程教学、科研和工程实践，在农业机械技术创新、农业工程学科建设、人才培养和科技发展战略研究等方面作出了重大贡献。

1979年，罗锡文到华南农学院（华南农业大学前身）攻读硕士研究生，立志要用先进的科学技术将农民从繁重的劳作中解放出来，实现“耕牛退休，铁牛下田，农民进城，专家种田”。

几十年来，罗锡文主要从事水稻生产机械化研究，他带领团队研发的“水稻精量穴直播技术与机具”成果获2017年国家技术发明奖二等奖。采用罗锡文团队研究成功的精量穴直播机直播的水稻成行成穴、均匀一致，产量高，在泰国等6个国家及全国20多个省、自治区、直辖市推广，创造了一批高产纪录，罗锡文也终于实现了自己小时候“不用人插秧”的梦想。

农业机械化和农机装备是转变农业发展方式、提高农业生产力的重要基础。罗锡文指出，没有农业机械化，就没有农村现代化。今天，我国农业生产已从主要依靠人力、畜力转向主要依靠机械动力，进入了以机械化为主导的新阶段。

罗锡文院士说：“我赶过牛犁田，后来我成功设计了无人驾驶拖拉机；我插过秧，后来设计了无人驾驶插秧机；我打过药，后来设计了无人驾驶喷雾机；我打过谷子，后来成功设计了无人驾驶收割机。”

中国农机1.0到4.0，中国农机经历了从无到有、从有到全、从全到好、从好到强的过程，是一部中国农机的科技进步史和创新史。可以说，罗院士参与了1.0的过程，做了2.0的事，努力做3.0的事，争取向4.0过渡。

罗锡文院士说：“明天的农业是什么样子？在著名机器人专家西蒙·布莱克莫尔对明天农业描述的画里，年轻人在太阳伞下喝着饮料，机器可以在田中自动完成各项作业。这也是我最想实现的景象。”2021年，在长沙市望城区，全国首个水稻双季稻无人耕种农场率先投入试验示范性运行。在无人农场里，农民种田无需下地，智能农机可以实现耕、种、管、收全覆盖，生产过程实时监控。这是罗锡文院士团队在国内11个省市建设的20个无人农场之一。

“有人问我的初心是什么？将农民从繁重的劳作中解放出来，让农业生产的所有环节都实现机械化，这就是我的初心，也是我们中国农机人的初心。有人问我的使命是什么？大力推进机械化、智能化，给农业现代化插上科技的翅膀，就是我的使命，也是我们中国农机人的使命！”罗锡文院士的话深刻体现出了中国农机科学家精益求精、一丝不苟、追求卓越的劳动精神。

七、意识提升与激励

大规模普遍使用机械会加大农业生产对能源的依赖，以至于产生高耗能问题。各种机械设备、智能化设备在更新换代之后，也会出现回收废旧机械设备材料的问题。智能化设备依赖网络，网络一旦瘫痪，将造成极广泛的影响，农业生产的网络安全成为新的突出问题。一个问题的解决又会带来新的问题，人类社会就是在不断解决问题又迎来新挑战的过程中演化的。劳动创造价值，劳动本质上也是在解决社会问题，满足社会需求。

八、知识链接

1.智慧农业促进农业生产精细化　智慧农业通过构建集环境监控、作物模型分析和精准调节为一体的农业生产自动化系统和平台，借助物联网，对不同的农业生产对象实施精准化操作，通过传感设备检测环境的物理参数，对土壤、大气、水等生产环境状况进行实时动态监控，使之符合农业生产环境标准。同时，按照一定技术标准和规范要求，通过智能化设备对生产过程各环节进行影响和控制，改善农产品品质。通过智能化设备实时精准检测农产品品质，保障农产品符合消费者需求，实现供给与需求的有效对接。

2.智慧农业促进农业生产高效化　智慧农业通过云计算、大数据等先进信息技术，可以使农业生产经营者更加便捷灵活地掌握天气变化数据、市场供需数据、农作物生长数据等，从而更加准确地判断农作物生长需求。利用空间地理信息、遥感等技术，提高大田粮食生产的监测、预警水平和产量评估水平，增强农业生产对自然环境风险的应对能力。通过智能设施，合理安排用工用时用地，提高农业生产组织化水平，进而提高劳动生产效率。

3.智慧农业推动农业可持续发展　智慧农业作为集保护生态、发展生产为一体的农业生产模式，有助于推动农业可持续发展。通过精细化生产，实现农业节水、节药、节肥，推动农业废弃物资源化利用；借助互联网及二维码等技术，建立农产品溯源系统、互联共享的农产品质量和食品安全信息平台，健全从农田到餐桌的农产品质量安全监管体系，有利于保障人民群众“舌尖上的安全”；构建农业生态环境监测网络，精准获取土壤、墒情、水文等农业资源信息，实现农业环境综合治理，推动形成资源利用高效、生态系统稳定、产地环境良好、产品质量安全的农业发展新格局。

智慧农业利用互联网、物联网和云计算等现代信息技术成果，改造提升整个农业产业链，促进农业与第二、第三产业交叉渗透、融合发展，提升了农业竞争力，拓展了农业发展空间。智慧农业是农业发展的必然趋势，大力发展智慧农业对提高农业现代化水平、促进农业转型升级、提高经济发展质量和效益有着重要的现实意义。

九、课外劳动实践任务

根据学习情况，进行拓展训练。

要点摘记

农业机械与物联网

附 录

附　录　一

中小学劳动教育
——校内农耕实践基地建设指导

校内农耕实践基地是对中小学生在校园内进行农业生产劳动教育的实践场所，学校有计划、有组织的安排中小学生体验系统的农耕实践课程。校内农耕实践基地的好处是保障学生安全，使学生无需走出校园就可以高频次的参与农耕劳动。同时，基地还能够成为学校里寓教于乐的户外教室，丰富学生校园生活，点亮和美化校园。学生在参与农耕实践的过程中，学会认识并使用农耕工具、掌握种植技术、参与农作物的生长的全过程，培养学生正确劳动价值观和良好的劳动品质。

一、总则

校内农耕实践教育基地的建设和授课过程中，要体现以下原则：

（一）教育性原则

坚持育人为本，把握正确的育人方向，帮助学生树立勤俭、奋斗、创新、奉献的劳动观念和劳动精神，养成热爱劳动、崇尚劳动、尊重劳动者的劳动品质，培养满足生存生活发展需要的基本劳动能力，使学生在农耕劳动中提升实践能力和创造能力。

（二）实践性原则

开辟校园农耕实践场所，必须具有显著的实践性，引导学生以动手实践为主要途径，通过学生体验菜箱种植或者实验田等农耕方式，实现树德、增智、强体、育美的目的。

（三）安全性原则

把劳动安全教育与管理作为组织实施的必要内容，强化劳动安全意识，建立健全安全教育与管理并重的劳动安全保障体系。要依据学生身心发育情况，适度安排劳动强度、时长，切实关注劳动任务及场所设施的适宜性。科学评估劳动实践活动的安全风险，认真排查、清除学生劳动实践中的各种隐患。在设施选择、材料选用、工具设备、防护用品使用、活动流程等方面制定安全、科学的操作规范。强化劳动过程中每个岗位的管理，明确各方责任，防患于未然。制定劳动实践活动风险防控预案，完善应急与事故处理机制。要特别关注劳动过程中的卫生隐患，按照疾控、卫生健康部门及行业有关规定，采取相应的必要措施，切实保护学生的身心健康。鼓励购买劳动教育相关保险。

（四）公益性原则

开展校内农耕实践活动是校内义务教育的组成部分，不得向学生收取授课费用。校内农耕实践基地的建设费用，由政府专项资金或学校其他途径所承担。

二、基地建设

在2018年9月10日召开的全国教育大会上，习近平总书记指出，要在学生中弘扬劳动精神，教育引导学生崇尚劳动、尊重劳动，懂得劳动最光荣、劳动最崇高、劳动最伟大、劳动最美丽的道理，长大后能够辛勤劳动、诚实劳动、创造性劳动。要努力构建德智体美劳全面培养的教育体系，形成更高水平的人才培养体系。

2020年3月20日，为构建德智体美劳全面培养的教育体系，中共中央、国务院发布《关于全面加强新时代大中小学劳动教育的意见》，强调要围绕培养担当民族复兴大任的时代新人开展劳动教育，将劳动教育上升至国家人才战略的高度，并且首次对新时代劳动教育作了顶层设计和全面部署，可谓意义重大。

2020年7月15日，教育部印发《大中小学劳动教育指导纲要（试行）》，以下简称《纲要》，文件指出要准确把握社会主义建设者和接班人的劳动精神面貌、劳动价值取向和劳动技能水平的培养要求，全面提高学生劳动素养，使学生树立正确的劳动观念，具有必备的劳动能力，培养积极的劳动精神，养成良好的劳动习惯和品质。

为了更好地进行劳动教育实践活动，鼓励学校开辟校内劳动实践的场所，开发针对小、初、高不同学段学生的劳动教育校本教材，通过劳动教育和劳动技能的学习与训练，引导学生树立正确的劳动态度，提升劳动能力，为北京市中小学校内劳动教育实践开创模式、树立标杆。

（一）基本功能

1.服务学生劳动实践

实践基地应具有满足学生在参加生产劳动中获得身心体验、技能训练、知识增长、价值观树立等基本功能。在生产劳动实践课程体系设置上，要让学生切身体验工农业生产创造物质财富的过程，认识从简单劳动、原始劳动向复杂劳动、创造性劳动的发展过程，学会使用工具，掌握相关技术，体会劳动艰辛，感受劳动伟大。

2.服务学生全面发展

充分发挥实践基地的育人功能，将形成劳动意识、端正劳动观念、提升劳动能力、培养劳动习惯作为基地建设的核心目标。科学规划、精心设计劳动实践课程内容，开展形式多样、丰富多彩的劳动实践内容，引领学生树立崇尚劳动、热爱劳动、投身劳动、用劳动奉献社会的理想；促进学生形成正确的世界观、人生观和价值观；使学生在获得新知识的基础上增强心智，提升对自我、生活、社会、未来和生命的认知高度，反哺其他学科。要发挥基地作为平台的信息传播功能，及时传播新时代劳动教育的新要求、新知识、新技能、新工艺等，积极为开展新时代劳动教育提供保障支撑。挖掘劳动模范、技能工匠、优秀校友等先进事迹，通过邀请他们到现场授课、指导学生劳动实践等方式，发挥典型榜样的激励作用。

3.服务创意物化的能力培养

引导学生参与校内农耕实践基地中动手制作劳动工具、设备等项目，通过小组讨论的形式，设计并制作菜箱、喷灌节水系统、雨水再利用系统等具体的项目，培养学生的创新精神和创意物化的能力。

（二）选址

校内农耕实践教育基地的选址应在不破坏校园现有功能的情况下，满足能够开展农耕实践活动所需要的必要条件，建议选择校园内闲置空地、楼后或楼前空地、楼顶等场地，应基于以下几方面的因素进行考虑和选择：

地面或屋顶的承重能力。

是否影响地下水、电、气等管道的正常使用。

是否占用校园道路。

是否占用消防通道和紧急避难空地。

是否有足够的使用面积，最多可容纳多少人数。

是否有便捷易取的水源和距离较近的工具房。

（三）资源配置

1.基础设施

农耕实践所需的基础设施应由校内农耕实践基地进行确定、提供及维护。所涉及的基础设施及其基本要求包括并不仅限于以下方面：

（1）公众聚集场所符合消防安全要求；醒目放置消防器材，并定期检验、维修，保持完好有效；设有专门的安全应急通道，所有建筑物内外均应设消防安全栓。消防安全标志的设置应符合《消防安全标志设置要求》（GB 15630—1995）和《消防安全标志》（GB 13495.1—2015）的要求。

（2）建有全天候、无死角的监控系统。

（3）校内农耕实践基地区内标识设置符合《安全标志及其使用导则》（GB 2894—2008）和《公共信息图形符号》（GB/T 10001.1—2012）所规定的要求，主要入口处设置指示标志和导览标志，突出安全警示标志，危险地带设安全防护设施。

（4）配备满足农耕实践教学的基础设施及配套齐全的辅助设施、布局科学合理，相关的教学仪器、劳动工具、设施设备性能完好，实践活动场所仪器设备按国家或行业有关标准，规范安装、布置，设备、器材布置安全、科学、规范、合理。

（5）应具备基本的医疗保障条件，配备数量适宜的专职医护人员。

（6）室内外活动场所。

①露天农耕实践田，要求场地平整，灌溉设施齐全、排水良好，无尖石、碎物等危险物体，确保学生活动的安全性。

②室内活动教室。应满足学生开展室内活动的需要，劳动教具配套齐全，布置安全、科学、规范、合理。

2.功能布局

校内农耕实践基地应布局和动线合理，设置专门的室内或室外农耕实践场所和功能区，并应考虑到中小学生动手实践方面的需求及条件，方便学生参与体验和集散。包括但不限于以下功能区：

（1）一米菜园。露天种植实践区，可以是多个一米菜园组成的形式。

一米菜园能使学生在耕种的过程中与自然快乐接触，同时学到科学、生态学、植物学、数学、艺术、设计、园艺知识、健康饮食习惯等方面的知识，并提升节约用水、爱护自然的环保意识，感受到自给自足的精神愉悦。

一米菜园的基本形态是尺寸一平方米的菜箱，为木头或者PVC材质，菜箱底端设有密封底，不破坏校园内的现有地面，并可移动方便后期维护。一个一米菜园可服务6～8名学生进行长期种植体验。一米菜园内部多分为9个格子，分别种植9种不同的蔬菜，能够以最小的面积使学生掌握到不同作物的种植技术，了解作物的生长过程。学生们还可以通过小组的方式参与一米菜园的创意设计和搭建。

参考图

学校可根据闲置场地的面积进行规划，以400平方米的场地限制为例，可放置约80个一米菜箱，能够满足约700名学生进行全年的农耕实践。如以周为单位，每周安排不同的学生进行体验，则能够满足农耕实践的学生人数上升为约3 000名。

（2）比萨菜园。比萨菜园，顾名思义菜园外形为比萨样式，被分成数个扇形区域，每个区域专门种植一种香草或中草药（附图1）。

附图1

（3）昆虫旅馆。昆虫旅馆，是用可循环再用的材料制作，包括木材、稻草、砖块、塑胶软管等，为各类昆虫提供不同类型的小空间，放置不同大小的昆虫旅店，可提高场地生物的多样性（附图2）。

附图2

（4）三箱堆肥。堆肥箱，为用来堆肥的容器。是将树叶、果蔬藤等放入堆肥箱内进行堆肥，一般再配合发酵菌进行发酵，从而形成肥料继续循环使用（附图3）。

附图3

（5）雨水收集桶。雨水收集桶，用于收集雨水进行浇灌菜地，是对雨水的回收利用（附图4）。

附图4

（6）攀爬架。在1米菜箱之间搭设攀爬架，用于种植爬藤植物。如葫芦、丝瓜等，能够有效利用空间，美化环境，并起到防晒遮阴的效果（附图5）。

附图5

（7）接水处。用于给农作物浇水、接水及农耕后洗手的地方（附图6）。

附图6

（8）农具房。存取农具的棚屋。

3.配备材料及工具

农耕实践基地需准备至少同时满足为60名学生开展课程的农耕工具，同时还需采购若干基础设备及肥料、种苗等。需配备的工具、材料为农耕工具、中耕管理物料、种子种苗、实验制作材料等类别，具体列表见附件一。

三、劳动实践课程

（一）课程目标

（1）认识生产工具、学会使用方法。

（2）了解常见农作物（蔬菜和中草药、香草植物、花卉等）的种植过程和全过程管理技术。

（3）学会简易作品（什么作品，能否用农耕类名词表述？）的设计、制作、演示、复盘、改进，初步形成技术学习、探究与实践能力。

（4）通过丰富的劳动体验，养成珍惜资源、节约环保的良好劳动习惯，树立积极、正确的劳动情感和劳动观念，发扬吃苦耐劳、勤奋进取的劳动精神。

（5）综合提升技术意识、职业意识、创新意识、质量意识、环保意识、安全意识和审美意识。

（二）课程设计的理念

劳动教育并不狭隘的泛指体力劳动或直接的生产劳动，而是基于体力劳动与物质生产劳动的综合实践活动。在家庭生活中体现为自理、自立的独立生活活动；在职业生活中体现为通过自己力所能及的各种劳动获取物质生活资料的活动；在社会生活中体现为丰富多样的为社会作出应有贡献的公益性活动；在学习中体现为与具体学科知识相联系的实践，及通过动手操作化知识为能力与智慧的活动。

劳动教育课程必须积极回应时代需求，融入新时代的元素，充分体现新时代的核心价值观和劳动精神，以传播和教授新时代的劳动理念、知识和技能为主要教育内容，并努力保持自身的生命力，实现自身的教育意义。只有这样，才能构建起生动灵活、富有朝气和时代感的新劳动教育课程。

劳动可以树德、可以增智、可以强体、可以育美。劳动教育是立足于人全面发展的教育形态，劳动教育是名副其实的全人教育、综合学科，具有完整的知识体系、明确的研究对象和一系列复杂交叉的科学研究方法。

以教育部印发的《大中小学劳动教育指导纲要（试行）》为依据开发本校《劳动教育课程校本教材》，从实际出发，形成一套适合我区开展校内劳动教育——农耕实践教学的校本教材。

课程内容设置以常识性知识为基础，依循序渐进、螺旋上升、横向拓展的原则进行编排。兼顾不同学段学生的认知水平、基本能力，进行劳动知识、劳动意识、劳动能力、劳动习惯、劳动观念、劳动精神的层级化培养。

（三）课程内容

1.课程介绍

本套课程是针对小、中、高学生开发的一套系统化、层级化的校内劳动教育实践课程。组织和引导学生对校内劳动实践田进行全程的种植管理，通过动手操作实践，实现做中学，学中做；旨在引导学生树立正确的劳动观念，锻炼劳动能力，养成良好的劳动习惯，塑造劳动精神。

2.课程实施

学生参与的劳动实践课程包括：

（1）种植箱的设计和制作。学生通过PBL学习小组的方式，进行种植箱的设计，通过参与设计促进对种植箱作用和种植因素、种植的方位和植物搭配等问题的理解。通过动手制作种植箱，提升学生动手实践的能力，积累工具使用的经验。

（2）农作物的种植和管理。不同农作物的种植方式和生长周期不同，管理要点和技术要求也不同，每名学生在农耕实践中至少接触10种以上作物的种植和全过程管理。

（3）农作物的收获、加工过程及食用方法。经过一年辛苦栽种和养护，通过对农作物进行应季采收和初级加工，使学生了解农作物的初加工技术，并对劳动最后的收获倍感珍惜，体验收获的幸福感，进而树立正确的劳动观念和劳动精神。

学生参与劳动实践课程的方式：

周一至周五，每次2个班60人一起上课，使用10个菜箱，每次时长1课时，春季开学学期16节课，秋季开学学期8节课。课程安排见附件二。

洋葱	土豆	花椰菜	茄子	板蓝	羽衣甘蓝	香葱	大葱	苋菜	茼蒿	生菜	芥菜
西蓝花	番茄	黄瓜	倭瓜	茼蒿	小白菜	水萝卜	绿萝卜	黄花菜	棉花	油麦菜	芹菜
西葫芦	芫荽	青椒	白菜	茴香	蒜苗	油菜	苤蓝	高粱	油麦菜	蚕豆	秋黄瓜
红薯	薄荷	花生	甘蓝	菠菜	芝麻	草莓	甜菜	穿心莲	空心菜	乌塌菜	莴苣
洋姜	豌豆	韭菜	小麦	秋葵	辣椒	木耳菜	香菇	木耳	益母草	车前	马齿苋
柴胡	蒲公英	紫苏	苦菊	茄子	豇豆	芥蓝	丝瓜	苦瓜	决明子	迷迭香	艾草

作物一览表

种植作物的选择：

考虑学生的年龄、劳动能力、种植箱的种植面积等因素，兼顾用有限的土地资源使学生体验到多种作物的种植过程、学到更多种植技术的设计思路，共选择72种不同的作物，包括叶菜、茄果类、菜花类、白菜类、芥菜类、豆科、瓜类、根茎类、浆果类、中草药、香草类。

劳动种植中涉及的劳动技术包括：

翻耕、施肥、播种、浇水、除虫、除草、搭架、搭拱棚、掐尖、嫁接、间苗、整枝、收获、加工、储存、堆肥等多种劳动技术。

具体课程教学设计案例见附件三，学习手册见附件四。

3. 评价机制

健全评价标准，授课教师如实记录学生参加农耕实践的劳动内容和表现情况，并配合学校给予纪实性评价，记入学生劳动教育课程学习成绩。

评价标准见附件四。

学生评价表

评价维度	评价				
	评分内容	分数	自评	互评	师评
劳动观念	通过间苗定苗与中耕除草劳动，认识到中耕管理的每一步都决定着最终的成果与收获，体会一分耕耘一分收获的道理	15			
劳动能力	了解中耕管理内涵，了解中耕工具及用途	5			
	通过杂草辨识活动，认识部分常见杂草	5			
	了解间苗的原则，掌握萝卜间苗、定苗方法及注意事项	10			
	学会定苗、锄草等田间管理的方法和技巧	10			
劳动习惯与品质	能够在间苗、定苗和中耕管理的过程中，遵守劳动规范、按流程完成工作	10			
	通过间苗、定苗劳动，提升认真、专注的劳动品质	5			
	能在劳动结束后，将工具及材料清洁归位，逐步养成工完场清的劳动习惯	10			
	每次劳动结束认真参与总结、反思，清晰、完整地填写学生手册	5			
劳动精神	能在间苗、定苗和中耕管理的过程中诚实劳动	10			
	能在除草的劳动过程中不怕脏不怕累、克服困难	5			
	通过了解除草剂对生态环境造成的影响，树立积极探索新方法、新技术，积极进取改变现状的劳动精神	10			
总分		100			

四、管理规范

（一）管理体系

校内农耕实践基地应设置相应的对接负责人，明确其职责和权限，并确保相关职能部门明确各自在农耕实践基地管理和运行中的职责与作用，同时设置相应的规章制度。

（二）人员配置

校内农耕实践基地应确定满足农耕实践要求所需的岗位及其能力要求，确保配备数量充足、能力胜任的人员从事这些岗位工作，并应采取培训或其他措施。

1.人员配置要求

（1）须至少配置项目负责人1名，校内农耕实践指导教师若干。

（2）应为每一次实践活动配置至少1名负责人全程跟随项目活动，负责统筹协调农耕实践过程中的各项工作；1名安全员，负责在农耕实践过程中随组开展安全教育和防控工作；校内农耕实践导师配置比例不低于30∶1，在其他工作人员的配合下提供服务。

（3）农耕实践指导教师应具备专业的师资水平和相关经验。

（4）设置培训指导，长期培养师资力量。

2.人员服务要求

（1）应配备与农耕实践学生数量相匹配的专业服务人员。

（2）身体情况及个人卫生符合行业相关规定，疫情期间须按国家规定，定期进行核酸检测。

（3）应遵守服务时间，坚守岗位，举止文明。

（4）应掌握一定的医学知识及灾害应急常识，熟悉基地内的医疗服务点、紧急避险通道等。

（5）应具备遇突发情况能够自救和帮助师生进行避险逃离的能力。

（6）应掌握基本的法律常识、宗教信仰和民族习惯等方面的知识。

（7）应进行专业岗位培训，宜每年参加一次相关专业培训，熟练掌握本岗位业务知识和技能。

五、安全保障

（一）安全管理

校内农耕实践基地应设置安全管理部门，制定农耕实践活动安全预警机制和应急预案，建立科学有效的安全保障体系及安全事故上报机制，配备安全管理人员，明确落实安全责任，设置常态化安全检查机制和安全培训。

1.服务人员安全教育

应制定安全教育和安全培训的专项行动计划，定期对参与农耕实践活动的服务人员进行培训。培训内容包括：安全管理、职责与要求、应急处置规范与流程等，帮助其了解有关安全方面的规章制度。

2.学生安全教育

应对参加校内农耕实践活动的学生进行多种形式的安全教育。根据当日课程安排，讲解具体的安全要求，进行安全提示与警示，强化学生安全防范意识。

（二）安全管理制度

校内农耕实践基地应制定相关的安全管理制度，确保提供安全的农耕实践服务，安全管理制度应包括但不限于以下方面：

1.校内农耕实践基地安全管理工作方案

2.校内农耕实践基地应急预案

3.校内农耕实践基地安全教育培训制度

（三）医疗保障

若发生学生生病或受伤情况，应由校医给予及时地诊断或处理，并根据情况送往就近医院就医。

附件一

校内农耕劳动实践工具

序号	类别	名称	数量（个）	单位
1	农耕工具	平锹	20	把
2		小铲子	80	把
3		镰刀	20	把
4		松土器	60	把
5		手套	400	双
6		卷尺	25	个
7		地膜	8	卷
8		小薅锄	40	把
9		竹竿	20	捆
10		水桶	20	个
11		水舀子	20	个
12		小推车	2	辆
13		筛子	10	只
14		编织袋	30	个
15		草帽	120	顶
16		诱虫灯	4	台
17		剪枝剪	10	个
18		手锯	60	把
19		剪刀	20	把
20	种子或苗	各类叶菜	1 000	袋
21		中草药、香草植物	650	棵
22		攀爬花	160	棵
23		补种蔬菜	140	斤
24		作物苗	1 500	棵

（续）

序号	类别	名称	数量（个）	单位
25	中耕管理材料	有机肥	40	袋
26		白灰	5	袋
27		育苗穴盘	96	个
28		营养土	10	袋
29		厚塑料布	80	米
30		追肥肥料	40	袋
31		杀菌剂	16	袋
32		麻绳	8	捆
33		粘虫板	32	片
34	安全保障	医药箱	2	个
35	宣传	条幅	4	个
36		小组牌子	90	个
37		解说牌	40	个
38	课程物料	土壤检测材料	20	套
39		雨量器	2	个
40		发电实验	20	套
41		标本制作	500	套
42		蚯蚓塔	90	套
43		昆虫观察	100	套
44		种子收集	500	套
45		酵素制作	60	套
46		喷灌制作	90	套
47	场地改造	菜箱材料	64	套
48		昆虫旅馆材料	4	套
49		水管接通＋接水区	1	套
50		基础土	120	方
51		攀爬架	24	个
52		入口处牌子	1	个
53		雨水收集桶	1	个
54		堆肥箱材料	1	个

附　件　二

校内农耕实践课程安排表

小学低年级								
	3月劳动教育		4月劳动教育		5月劳动教育		6月劳动教育	
	三月春天来了		四月开始春播		五月植物生长		六月田间管理	
第一节	【游戏】做自然里的孩子，起自然名，自然名大风吹游戏，分组，起组名	【制作】了解春季的气候特点，风向有什么变化，制作风车。了解什么是倒春寒	【游戏】种子的生长过程，让学生了解植物生长的几个阶段	【劳动】辨别花种结合《开满鲜花的小路》用种子球打造花境。记录生长变化	【游戏】结合课文《阳光》做植物的光合作用游戏，了解植物生长需要太阳	【劳动】对作物进行管理，松土，浇水等	【游戏】换个角度看世界，体验模拟动物眼睛，观察熟悉的自然界。和蒙眼毛毛虫游戏	【制作】结合课文《要下雨了》制作量雨器，记录降雨量的变化
延伸	了解春天的气候特征和对植物的影响		结合自己平时的观察，写出一种植物的全年生长过程		观察夕阳的变化		感受下雨前的变化，如刮风等	
第二节	【观察】春天已经大地回暖，找春芽，发现春天的变化和生机勃勃的气息	【劳动】老师讲解什么是一米菜园，一米菜园的优势是什么。为春耕做准备，认识各种种子，进行穴盘育苗	【科普】五谷是哪五谷，大豆的起源和在世界上的重要作用	【劳动】定植大豆，给一米菜园做不同的隔断	【科普】花生的历史和重要作用，植物学特性	【劳动】种植花生结合数学知识，测量行距，株距	【观察】通过观察花的结构。解剖一朵花。了解花作为植物器官的职能	【劳动】田间管理，打叉搭架，疏果等，认识田间的杂草、昆虫。进行花的植物笔记记录
延伸	发现小区里或其他户外环境的野草和野菜，进行观察		从家里或者超市里了解黄豆可以制作的食材		去超市了解花生为原材料的加工品		观察蝴蝶或者蜜蜂对花进行授粉，思考还有什么方法可以授粉	

（续）

小学低年级								
	3月劳动教育		4月劳动教育		5月劳动教育		6月劳动教育	
	三月春天来了		四月开始春播		五月植物生长		六月田间管理	
第三节	【游戏】找影子，寻找有影子的物体，思考如何把影子留下来	【劳动】老师讲解一米菜园的搭建方法，协助老师准备一米菜园的菜箱，做力所能及的工作	【观察】记录和观察育苗的种子的变化。解剖一个豆子或者花生米观察内部结构	【劳动】种植不同的作物，插上标签	【游戏】游戏扮演一棵树。了解植物结构。叶子会呼吸的实验	【劳动】进行田间管理 观察种子球的生长状态，观察大豆的植株的变化进行记录	【制作】制作叶脉化石，了解叶脉的作用和类型	【制作】植物标本制作
延伸	了解太阳和四季的关系		了解除了黄豆以外其他的豆类，比较它们的不同		用自然笔记的方式记录植物的变化		观察家里植物的叶脉	
第四节	【观察】找春卵，记录观察到的时间、地点、周围环境、状态等	【劳动】老师讲解一米菜园的基质的成分构成，了解肥料的元素对植物的作用。准备基质	【观察】结合《小鸡和小鸭》课文，观察校园里的小动物	【劳动】农耕工具的认识。 观察种子球的生长状态	【观察】结合课文《树和喜鹊》观察喜鹊的飞行，身体等。喜鹊和树的生态游戏，保护生态环境的重要性	【制作】制作喜鹊模型，田间作物日常管理	【观察】结合课文《动物儿歌》观察蚯蚓，了解蚯蚓的特性，了解土壤中蚯蚓的作用。投放蚯蚓	【劳动】田间管理，除草，除虫，部分农作物收获
延伸	有哪些昆虫有越冬行为，它们的行为方式是什么样子的，可以以图片形式描述		到菜市场，辨认每种常见蔬菜的名字		观察除了喜鹊的鸟窝的外观，观察喜鹊都是独立 生活还是成群结队		对上学期活动进行总结	

（续）

小学低年级								
	9月劳动教育		10月劳动教育		11月劳动教育		12月劳动教育	
	九月秋虫的天下		十月丰收季节		十一月入冬了		十二月冬藏了	
第一节	【观察】秋分，秋虫大发现，寻找秋虫，观察秋虫。给昆虫分类	【劳动】收获种植的蔬菜，田间管理。除草等	【游戏】猫头鹰和乌鸦，考验同学们的反应能力，和对之前所学知识的复习	【劳动】磨豆浆，做豆腐体验	【游戏】自然知识接龙萝卜蹲	【劳动】收萝卜，学习萝卜知识，观察萝卜地下根茎	【游戏】种子对对碰游戏，观察哪些是小鸟可以过冬的食物	【制作】小鸟喂食器，给鸟儿准备过冬食物
延伸	尝试收集露水		记录身边秋季开花的植物		这有哪些根茎类蔬菜		了解鸟类的迁徙行为	
第二节	【游戏】蝙蝠和蛾子的自然游戏，学习动物的生存智慧	【劳动】收获大豆，打豆荚	【科普】根瘤菌和豆科植物的关系	【劳动】收获花生	【科普】白菜的历史，诗经里的白菜	【劳动】收获大白菜	【游戏】生命有多长？了解地球上动植物的生长周期	【劳动】给大树穿保暖衣，树木修剪，照顾植物
延伸	观察蛾子和蝴蝶的区别		寻找身边存在互生关系的动植物		搜集冬季蔬菜储存的方式		记录不用高度的水结冰时间	
第三节	【游戏】昆虫身体游戏，进一步了解不同昆虫的口器等	【劳动】种植萝卜、白菜	【观察】落叶的不同形状。树叶九宫格。结合课文《活化石》让学生收集银杏叶作为活动材料	【制作】秋叶写生，观察叶子的变化，大地艺术	【语文】结合《棉花姑娘》中提到的生物链，进行生命之网游戏，正确看待什么是益虫什么是害虫	【制作】萝卜娃娃、萝卜腌菜	【实验】雪花变变变，造雪艺术	【劳动】冬至，了解时节的风俗活动和饮食习惯，如冬至饺子
延伸	观察小区周围的昆虫		思考树叶为什么会变黄，掉落？		思考，人类和动物植物之间的关系		除了冬至包饺子，我们还有哪些习俗	

（续）

小学低年级								
	9月劳动教育		10月劳动教育		11月劳动教育		12月劳动教育	
	九月秋虫的天下		十月丰收季节		十一月入冬了		十二月冬藏了	
第四节	【游戏】螳螂捕蝉，初步了解自然界的生态链	【劳动】田间管理。除草	【游戏】结合《植物妈妈有办法》课文，种子的旅行，了解野外种子传播的不易	【劳动】制作花生糖	【游戏】结合课文《松鼠与松果》玩松果传递游戏	【劳动】制作白菜泡菜	成功展示：召开一年活动的成果演示环节，由学生进行发言	
延伸	写出其他的常见生态链		制作作物观察笔记。记录变化		思考小松鼠为什么是最环保的小动物			

小学高年级								
	3月劳动教育		4月劳动教育		5月劳动教育		6月劳动教育	
	春分到		清谷天		立夏时		芒种忙	
第一节	【开场活动】做自然界里的孩子，起自然名，自然名大风吹游戏，分组	【二十四节气】了解什么是二十四节气，制作日晷	【劳动】不同植物的种植方式（撒播、穴播），西葫芦、甘蓝	【二十四节气】清明，蹴鞠体验自然笔记记录	【劳动】种植小番茄、对前面作物补苗、追肥浇水、修剪	【二十四节气】观察立夏的温度变化，自然笔记记录	【劳动】田间管理浇水、施肥、除草、去除老叶	【二十四节气】芒种，观察有芒的植物。自然笔记记录
延伸	感受春季周围动植物变化		寻找春芽，看看哪些植物可以自然发芽		草本植物、木本植物区别是什么		驱虫草真的可以驱虫吗	
第二节	【劳动】制作一米菜箱	【二十四节气】惊蛰了解雷电和惊蛰来历	【劳动】清明前后种瓜点豆，种植南瓜、豆科植物	【观察】调查野草、野花	【劳动】种植香蜂草、红薯、驱蚊草、田间管理，浇水，松土，打叉、人工授粉、搭架	【观察】观察番茄的变化	【劳动】田间管理，摘除老叶，留种	【科学】显微镜下观察作物茎的结构，了解营养运输过程
延伸	做春季种植计划		观察春季植物抽芽的先后顺序		为什么番茄需要搭架		小实验：植物喝了有颜色的水花朵会不会变色	
第三节	【劳动】给菜箱准备基质，了解基质的成分，穴盘育苗	【二十四节气】春分，节气科普，竖蛋挑战赛	【劳动】除草等田间管理，扦插葱等	【二十四节气】谷雨，学习谷雨诗歌。自然笔记记录	【劳动】种植茄子、捉虫、收获、配置防虫植物、除草、浇水	【二十四节气】小满，认识蚕宝宝，领养蚕宝宝	【劳动】土豆收获体验。田间劳动	【二十四节气】夏至，制作遮阳设施给植物。自然笔记记录
延伸	试着在家中育苗		讨论发芽的土豆和红薯的相同和不同之处		观察蚕宝宝的身体，做食物测试看它是否只吃桑叶		土豆成熟了，请你以自然笔记的形式记录一棵完整的土豆植株	

（续）

小学高年级								
	3月劳动教育		4月劳动教育		5月劳动教育		6月劳动教育	
	春分到		清谷天		立夏时		芒种忙	
第四节	【劳动】制作风向标，田间管理，防止倒春寒。认识风力表，种土豆	【科学】温度变春风，认识温度计，学会使用温度计测量土壤和空气温度	【劳动】疏花疏果，间苗除草等工作	【科学】水可以溶解在空气里	【劳动】抽薹、除草，番茄的打叉和整枝，架子加高	【制作】土豆花的故事，自然笔记	【劳动】修剪香草、授粉、除草、打叉、整枝	【观察】结合课文《绿》进行绿色的植物观察，通过九宫格寻宝完成
延伸	风对作物的危害		作物种植距离的观察，制作调查表		菜市场根茎类蔬菜大调查		一米菜园里的绿色有几种，有什么变化	
	9月劳动教育		10月劳动教育		11月劳动教育		12月劳动教育	
	秋风至		寒霜降		小雪来		冬雪到	
第一节	【实验】白露景象，露水实验，水的张力及露珠的作用	【二十四节气】白露，知识科普 【劳动】收获种植的蔬菜。准备种植新的作物	【劳动】收获红薯，准备蘑菇基质	【二十四节气】寒露，种子大搜集，留种	【劳动】田间管理。蘑菇	【二十四节气】立冬，了解北斗星与时间的关系	【劳动】制作堆肥。观察豆芽变化	【二十四节气】大雪，大雪节气有关诗歌
延伸	记录每天月相的变化		用红薯制作美食		分析阳光、土壤对作物的贡献分别是什么		在家里尝试用厨余进行堆肥	
第二节	【劳动】田间管理。种植叶菜，蹲苗。认识杂草，害虫认识	【观察】秋虫大搜集。自然笔记记录	【劳动】收获南瓜。田间管理。清理土地	【观察】秋季叶子的变化。自然笔记记录	【劳动】培育土地，回报大地，翻地	【观察】观察菌丝的变化	【劳动】通过冬藏的方法保存食物。打年糕	老师指导总结一年种植记录
延伸	计划秋冬作物种植什么品种		对比春秋季树木的变化		观察超市中不同的菌类的外形区别		准备展示材料	

（续）

小学高年级								
	9月劳动教育		10月劳动教育		11月劳动教育		12月劳动教育	
	秋风至		寒霜降		小雪来		冬雪到	
第三节	【劳动】除草、蹲苗、种植洋葱	【二十四节气】秋分，根据记录的月相变化，做太阳、月球、地球的移动实验	【劳动】科普菌类的生长过程，种植蘑菇	【二十四节气】霜降，观察菊科植物	【劳动】越冬水浇灌。管理蘑菇和小麦	【二十四节气】小雪制作种子风铃	【二十四节气】冬至，了解时节的风俗和饮食习惯，冬至饺子	老师指导总结一年学习收获
延伸	总结太阳四季活动规律，每天日影的变化		搜索萝卜可以制作泡菜的方法		了解南方和北方种植时间的差别		准备展示材料	
第四节	【劳动】种植小麦	【活动】特别的农民丰收节，自然笔记记录	【劳动】种春作物，及管理方案的讨论。收获菠菜	【观察】形成完整的自然笔记记录	【劳动】作物保暖工作涉及物料准备	【科学】发豆芽	【总结】成果展示，总结分享，颁发证书	
延伸	用思维导图的形式写出你们组最终实施的方案		讨论春季种植计划		调查无茎叶植物的生存方式			

附　件　三

教师指导手册（示例）

01 课程引言

如何可以用最小面积的土地种植最多个品种的蔬菜呢？梅尔发明的一米菜园就解决了这个问题。一米菜园是一种在小面积种植床上高效利用空间的种植方式。每个一米菜园就是一个长宽都是1米的正方形种植格子。之所以是1米长宽，是因为成人手臂的平均长度是60厘米左右，对于1米^{2}正方形种植面积来说，伸手正好能触碰到中间位置。

02 课程介绍

本课中，将带领学生了解一米菜园起源，了解一米菜园种植方法，一米菜园的优势与不足，并实践制作一米菜园种植箱，学习制作梅尔混合土的配比与计算方法，掌握部分作物种植方法。

课程课时：3课时　　适用年级：小学五年级

03 课程目标

一、劳动观念

通过学习实践一米菜园的制作、种植与管理，认识到劳动人民创造历史，劳动开创未来；树立辛勤劳动、诚实劳动、科学劳动的观念。

二、劳动能力

1.学会使用锯，掌握钉钉子的技巧，掌握制作一米菜园种植箱的方法。
2.掌握一米菜园土壤配置方法。

三、劳动精神

能在参与农耕实践的过程中，发扬辛勤劳动、诚实劳动的劳动精神。

四、劳动习惯与品质

1.遵守劳动规范的要求，按流程工作。
2.爱护工具、设备，用完后及时清洁归位，并摆放合理。
3.耗材及时回收，并整理后有序存放，养成劳动后整理场地的劳动习惯。
4.积极参与总结与讨论，学生教材表格填写清晰、完整。
5.主动沟通，有合作意识，劳动氛围融洽。

04 教学准备

一、场地准备

水源、种植区域。

二、经验准备

米、厘米测量知识。

三、教具、工具和材料准备

序号	活动内容	项目	物料名称
1	制作一米菜园种植箱	教具	无
		工具	木板、锯、尺子、铅笔、锤子
		损耗性材料	钉子
2	制作一米菜园混合土及种植	教具	种植植物数量参考表（公用）
		工具	小铲子、铁锹、水桶、水舀 螺丝刀、螺丝钉、喷壶、大块防水布（混合土用）
		损耗性材料	椰糠土、有机肥、蛭石、无纺布袋子（或尼龙袋），腐熟有机肥，细绳（打种植格线），种子或苗

05 活动流程

一、课程导入

在农村，农业地块除了大片的农田就是农家院里的小块菜地，作物都是长条状成行成垄种植的。一米菜园是在小面积种植床上高效利用空间的一种种植方式。每个一米菜园就是一个长宽都是1米的正方形种植格子。之所以是1米长宽，是因为成人手臂的平均长度是60厘米左右，对于1米正方形种植面积来说，正好能够到中间。

实施建议 以展示图片方式帮助学生回顾关于大田与菜地连片种植的景象。

二、安全教育

1.正确安全地使用劳动工具。

2.劳动时注意工具使用动作幅度及安全。

3.按正确的方法使用工具，注意自己与他人安全，用完后及时回收工具。

三、农耕实践

主题一：了解一米菜园

•时间：1小时

•重点与难点：

［重点］一米菜园的起源、规格、摆放位置等知识。

［难点］制作一米菜园种植框。

•实践流程

（一）一米菜园介绍

1.一米菜园起源 一米菜园，是一种通俗的叫法，更具体、准确的名称为一平方英尺菜园。这个菜园是在小面积种植床上，高效利用空间进行密集种植的神器。

说到“一米菜园”，就不得不说起它的创始人——梅尔。40年前，梅尔还是一个土木工程师。他在周末从事园艺时常常思考：单行种植难以管理，且浪费时间和投入，有没有更好的解决办法呢?

梅尔经过多次实验，将难以管理的单行种植空间，浓缩成了4英尺×4英尺（约1.2米×1.2米），里面分成16个小格，每个小格子种上不同的作物，例如，1平方英尺（约30厘米×30厘米），也就是一小格种16棵樱桃萝卜，或者只种一棵卷心菜，完全打破了传统行列分布的方法。

2.一米菜园种植方法 典型的一米菜园的尺寸至少为4英尺×4英尺（约1.2米×1.2米），上用木条作为格架分隔，种植床的尺寸还可以是2英尺×2英尺（约60厘米×60厘米）或4英尺×12英尺（约1.2米×3.6米），不过最常见的还是4×4英尺（约1.2米×1.2米），这个规格能使植物之间的联系更加紧密，且杂草出现的几率更小。

一米菜园种植简单，不用遵循种植的间距，根据植物的大小，一般情况下每一格可种1、4、9、16棵，少数大型植物需要2格。至于深度，12～30厘米较为合适，既保证提供植物充足养分，同时又确保排水性。土壤方面，需要保水性好、养分高的混合土壤。间苗时，要使用剪刀，不可直接拔掉多余植株，以免破坏植物根系。另外，注意不要践踏土壤，以免造成过分紧实。

3.一米菜园的优势与不足　一米菜园的优点是肉眼可见的简洁轻松，对新手、忙人、老人、残障人士、儿童都很友好，可升高的床身更为方便。一米菜园的缺点是在种植南瓜、甜瓜、土豆、玉米等大型植物时略显尴尬，多年生植物（洋蓟、大黄）和果树、灌木也会遇到同样的问题。

4.劳动步骤介绍

（1）确定种植摆放位置，清理杂草。

（2）领取材料包括木头、锯、钉子、螺丝钉、细绳。

（3）测量、切割板材。

（4）钉钉子、制作种植框。

（5）测量间距，摆放种植框。

（二）一米菜园制作与安放

1.选地与制作种植框

（1）选地。拣一个合适的地方，这个地方每天要有6～8小时的日照，周围没有树木遮阴，地面不会积水。因一米菜园所用的土壤不是这块地上原来的土，故土质不做考虑。

（2）明确种植框尺寸。高为20～35厘米（最低20厘米，30厘米以上则可以种植任何蔬菜），长宽都为1米，形状为正方形，做成长方形也可以。

（3）种植框做法

①确定摆放位置后铺上纸壳版，目的是与地面土壤隔离，压制杂草生长。

②将木框摆放在确定位置后添加营养土，完成菜园雏形。

③在木框上固定木板条或绳子，将小菜园划分为4行4列，共16小格。

④种植攀爬植物，需安装攀爬架（附图7）。

附图7

2.学生操作练习

（1）练习测量，用铅笔或硬物标记直线。

（2）练习使用锯子，切割锯切板材。

（3）练习锤子的使用方式，正确钉钉子。

3.重点难点解析

（1）以提问和填写手册的方式，强化记忆一米菜园的起源、规格、摆放位置等知识。

（2）教师先演示画线、切割、钉钉组合的操作，然后让学生以废旧板材做画线切割练习。

（三）一米菜园实操

1.实践安排　每个小组4人，将班级学生按此数量要求分配。

（1）分组领取工具，每组一把锯子、一把锤子、一把尺子、一支铅笔，木板、钉子若干。

（2）集体清理地块。

（3）画线，每组2名学生切割一块板材，一人按压、一人切割。

（4）小组成员配合组装。

2.常见问题及纠正

（1）画线容易出现歪斜、切割不平直的情况，画线后要反复测量，确认规格尺寸。

（2）使用锯子要直推直拉、先慢后快，当锯路顺直时，锯子阻力小，不涩滞。

3.劳动习惯养成

（1）团结协作、细致、耐心地锯切木材和组装菜箱。

（2）正确使用锯、锤等劳动工具，遵守安全使用规则。

（3）在劳动过程中按照步骤方法和技术规范进行操作。

（4）劳动实践结束后，整理用具、场地，注意工完场清。

主题二：制作一米菜园混合土与种植

•时间：1小时

•重点与难点：

［重点］一米菜园种植方法。

［难点］混合土调配方法。

•实践流程：

（一）梅尔土制作

1.梅尔土配比及计算方法　决定作物能否生长好的关键因素是土壤。一米菜园所使用的土壤叫做“梅尔土”，是以一米菜园创始人的名字来命名的。它是由椰土（椰糠土）、蛭石、有机肥三种物质，按1∶1∶1混合而成，具有良好的透气性、排水性，无毒、无害、无虫卵，且不会板结（所谓板结，就是土壤缺乏有机肥，降雨或灌水后变硬的现象），故无需翻土，也没有杂草及病虫害风险。这些优点规避了使用普通土壤可能出现杂草种子、病菌及虫卵等问题。

椰土是一种从椰子壳上粹取出来的纤维肥料，椰子纤维是100%环保产品，主要由椰子外壳提炼的木质纤维素构成，没有含任何添加物。由于椰子生长在海边，所以椰子纤维中可能因加工的原因而含有盐分。市面上的椰土常常被做成椰砖的形式进行销售。由于盐分对大多数植物的生长不利，因此椰土需要在泡发后进行多次清洗，以降低盐分。

如直接将椰砖泡在盆中清洗，所需时间较长。最好的处理方式是将椰砖装入无纺布袋或尼龙袋中，直接用水龙头放水清洗或倒水清洗，这样既省时、干净，还不易沾染四周。为降低椰土中的盐分，一般清洗3～4遍即可，清洗的次数越多盐分就越低，就越有利于植物的根系生长。清洗完的椰土需捏干水分，可直接混合在土壤中使用，或置于一旁晾干备用。

蛭石是一种天然、无机，无毒的矿物质，缺点是易碎，且高温和吸水的状态下会导致膨胀；优点是透气、保水、导水力强，利于根系生长。

有机肥是指腐熟的羊粪、牛粪或菜籽饼肥等，且一定要保证腐熟的状态，否则会携带病菌或虫卵，甚至导致作物烧苗。

一米菜园的土壤是根据植物种植的深度而定，标准深度为20厘米，当深度达到30厘米以上时，大多数蔬菜都可以种植。若土壤高度为20厘米，按一米菜园的面积计算体积为0.2立方米（长1米×宽1米×高0.2米）、换算为200升（1立方米=1 000升），则椰土、蛭石、有机肥各为66升（200升÷3）。因为买来的椰土为压缩的椰土砖，泡发后会膨胀5～6倍，而种植使用的量是按椰土泡发后的量来计算的。

2.劳动步骤介绍

（1）计算土壤比例、用量。

（2）调配混合土、填充种植框。

（3）拧好螺丝，用绳在框上装钉格线。

（4）分发种子或苗，分格规划、种植作物。

实施建议 教师演示梅尔土混拌均匀之后呈现的效果。

（二）实操讲解

附图8

先反复清洗椰土，降低盐分；再混合蛭石、有机肥，在防水布上搅拌均匀，加水打湿，填充种植框内，完成混合土调配；在种植框各边拧上螺丝钉，用绳子打格线；按作物特性、光线条件进行规划和种植（附图8）。

1.挖孔

（1）每个土壤方格还可进一步划分（分为2个、4个、9个、16个）。

（2）用手指在土壤上挖孔，以便播种时放入作物种子。

（3）作物规划与种植（附图9）。

附图9

①一个格子种1种作物：比较大型的蔬菜，包括芦笋，西蓝花，卷心菜，花椰菜，茄子，秋葵，辣椒，薄荷，南瓜，樱桃番茄。

②一个格子种4种作物：中等高度的蔬菜，包括芦笋，玉米，生菜，生菜，西芹，土豆，草莓，薄荷。

③一个格子种16种：比较小型的蔬菜，包括甜菜，菠菜，小白菜，茼蒿，荷兰豆。

2.播种

(1) 选种，每个土壤孔内放入2 ~ 3颗种子（待发芽后，选出孔内最强壮的，其他摘掉）。

(2) 撒种，在播种之前，需先把土壤适当压实，再将种子撒入孔内，种植的深度大约为种子高度的2 ~ 3倍（可参考种子包装上的说明）。

(3) 覆土，种植入孔后覆盖梅尔土，压实土壤，以促进日后种子的茁壮成长。

(4) 浇水，阳光晒温的水最为适宜。可选用专门的小喷壶，进行轻柔、均匀地浇水。

(5) 记录，用表格记录每个格内种植的作物品种。

3.移苗

(1) 移苗前，需根据苗体的大小，挖出适当的种植坑。

(2) 移苗时，注意控制取苗力度，不要损伤苗体，保持根部蓬松度适当。

(3) 入孔覆土，把苗体放入种植孔中，轻柔地将根部土壤压实，确保根部周围形成一个小的下凹，以保持水分。

4.种植植物数量参考

植物	数量	一格数量	植物	数量	一格数量	植物	数量	一格数量
藿香	1	1	薄荷	1	1	碧冬茄	4	4
洋蓟	2	1	马薄荷	1	1	蛋黄花	48	16
芦笋	2	1	旱金莲	4	4	马铃薯	4	1
罗勒	4	4	洋葱	8	4	迷迭香	1	1
月桂	1	1	洋葱（秋播）	8	4	鼠尾草	1	1
架豆	16	8	大葱	32	16	红葱	18	9
琉璃苣	1	1	牛至	1	1	菠菜	18	9
荞麦	16	16	三色堇	8	4	草莓	4	4
金盏花	8	4	香芹	4	4	向日葵	3	1
胡萝卜	64	16	辣椒	2	1	瑞士甜菜	8	4
菊蒿	2	0	番茄	2	1	百日菊	2	1
百里香	1	1	樱桃番茄	2	1	西葫芦	1	1

（续）

植物	数量	冠幅	行间距	植物	数量	冠幅	行间距
芝麻菜	64	5″	3″ ×7″	黄瓜	2	1′ 1″	1′ 1″ ×1′ 11″
菜豆	135	9″	5″ ×1′ 1″	茄子	4	1′ 3″	1′ 1″ ×1′ 5″
架豆	112	9″	5″ ×1′ 1″	大蒜	108	5″	3″ ×9″
甜菜根	72	5″	3″ ×7″	羽衣甘蓝	14	1′ 3″	1′ 1″ ×1′ 5″
白菜	32	7″	7″ ×9″	生菜	18	3″	3″ ×5″
西蓝花	7	1′ 5″	1′ 5″ ×1′ 5″		18	3″	3″ ×5″
卷心菜（春季）	0	1′ 5″	2′ 11″ ×1′ 11″		18	3″	3″ ×5″
卷心菜（夏季）	1	1′ 7″	1′ 5″ ×1′ 9″	甜瓜	1	2′ 11″	2′ 11″ ×2′ 11″
胡萝卜（甜）	48	3″	3″ ×5″	秋葵	6	1′ 7″	1′ 5″ ×1′ 11″
胡萝卜（长）	48	3″	3″ ×5″	洋葱	36	5″	3″ ×7″
胡萝卜	64	3″	3″ ×5″	洋葱（红）	12	5″	3″ ×7″
西芹	32	7″	5″ ×11″	豌豆	112	3″	3″ ×7″
辣椒	6	1′ 1″	11″ ×1′ 3″	南瓜（夏）	3	1′ 11″	1′ 11″ ×1′ 11″
樱桃萝卜（同伴）	64	3″	3″ ×7″	南瓜（冬）	2	2′ 11″	2′ 11″ ×2′ 11″
樱桃萝卜	32	3″	3″ ×7″	瑞士甜菜（混合）	24	1′ 1″	11″ ×1′ 3″
香葱	112	3″	3″ ×3″	瑞士甜菜	8	1′ 1″	11″ ×1′ 3″
菠菜	9	7″	5″ ×11″	樱桃番茄	4	1′ 7″	1′ 5″ ×1′ 11″
菠菜	99	7″	5″ ×11″	西瓜	1	2′ 11″	2′ 11″ ×2′ 11″

5.学生操作练习

（1）尝试调配混合土。

(2) 练习用螺丝刀拧螺丝，给种植框打线。

(3) 规划、种植（挖孔、播种、移苗）。

6.重点难点解析

(1) 教师先演示播种与移苗，然后让各组学生代表尝试播种与移栽，确认方法正确后，由各组分别种植。

(2) 配置梅尔土前，先将椰土砖浸泡，看膨胀后体积，按1∶1∶1比例，先用小容器如桶来做少量配置，然后按讲解说明的计算要求，算出各组所需椰砖的量，之后浸泡椰砖，大量配置。

（三）一米菜园制作实践

1.实践安排　每个小组4人，将班级学生按此数量要求分配。

(1) 组长领取工具和材料：铁锹1把、螺丝刀1个，螺丝钉若干、品种不同的种子或苗、细绳6根（每根1.2米）、大块防水布一块、小铲子1个、水桶1个、水舀1个、椰糠土、有机肥、蛭石、无纺布袋子（或尼龙袋）、腐熟有机肥。

(2) 小组共同分份进行泡发、清洗椰土。

(3) 调配混合土。

(4) 填充种植框。

(5) 种植作物。

2.常见问题及纠正

(1) 梅尔土混合容易出现混合不均匀的情况，可以按比例小份混合，然后再将小份混合成大份。

(2) 播种时，容易出现种植过深或过浅问题，种植深度需根据作物习性，提前查阅资料，一般情况下播种时覆土厚度是种子短轴直径的2～3倍。

3.劳动习惯养成

(1) 细致、耐心地进行配土、分格、规划作物、移栽种植、记录品种。

(2) 正确使用劳动工具，遵守安全的使用规则。

(3) 劳动过程按照步骤方法、技术规范进行操作。

(4) 每项劳动实践结束后，注意工完场清。

四、成果验收

•活动时间：10分钟

•活动说明：组织学生结合评价标准，验收劳动成果。

五、反思交流

•时间：20分钟

（一）学生劳动小结

劳动完成后召集所有同学，先进行5分钟小组内分享，再由各组推举1～2人进行集体分享。（分享劳动过程中的发现、感受、问题或创新）

（二）教师点评

教师对劳动过程、分享过程中出现的问题进行总结点评，主要包括学生是否能够清晰地表述劳动细节、能否发现问题、是否总结得合理全面等。

（三）经验反思、观念纠正

教师可以对当天学生的表现和事件进行梳理、例证，比如活动中有哪些同学遵守劳动规范、认真听讲，有创新意识，负责任、能帮助同学，有安全意识、有良好的劳动习惯等。主要鼓励合作、努力、勤奋、乐观、探索等正面的劳动品质和精神，并对负面的观点和情绪进行非指责性的正向引导，纠正错误的劳动观念。

（四）评选先进

1.评选劳动小标兵　根据个人评价表的分数，评选出劳动小标兵。

2.评选劳动先进小组（优秀班级）

（1）汇总、公布成果验收的分数。

（2）颁发优秀小组奖章。

（3）组织学生参观优秀小组的劳动成果。

（4）对优秀小组的优势进行讲解，让其他组明确需要改进的地方。

3.劳动标兵评价标准　由个人、组内成员、教师分别评价后汇总表格分数。

学生评价表

评价维度	评价				
	评分内容	分数	自评	互评	师评
劳动观念	通过学习实践一米菜园的制作、种植与管理，认识到劳动人民创造历史，劳动开创未来；树立辛勤劳动、诚实劳动、科学劳动的观念	20			
劳动能力	学会使用锯，掌握钉钉子的技巧，掌握制作一米菜园种植箱的方法	20			
	掌握一米菜园土壤配置方法	20			

（续）

评价维度	评价				
	评分内容	分数	自评	互评	师评
劳动习惯	遵守劳动规范的要求，按流程工作	4			
	爱护工具、设备，用完后及时清洁归位，并摆放合理	4			
	耗材及时回收，并整理后有序存放，养成劳动后整理场地的劳动习惯	4			
	积极参与总结与讨论，学生教材表格填写清晰、完整	4			
培养	主动沟通，有合作意识，劳动氛围融洽	4			
劳动精神	能在参与农耕实践的过程中，发扬辛勤劳动、诚实劳动的劳动精神	20			
总分		100			

4.优秀小组评价办法

（1）组建优秀小组成果验收小组、小组成员由教师和学生代表（每组1名）组成。

（2）评分方式：成果验收小组给各组的劳动成果打分，小组成员评价和教师评价各占总分数的50%，汇总得分后选出优秀小组。

备注：评价期间，其他小组成员可做一些劳动收尾或总结工作。

5.优秀集体评价标准　随队校领导、场地管理人员进行巡视评选，每月评选或两月评选一次。

评价表			
			○优秀小组/○ 优秀班级
评价维度	评分内容	分数	评分
劳动态度	积极参与，热情投入	10	
	氛围融洽，团队成员积极沟通配合	15	
劳动能力	安排合理，分工明确，有效协作	15	
	劳动过程中积极探索，提升效率	10	
劳动习惯	工具使用规范	10	
	劳动步骤正确	5	
	能做到工完场清	10	

（续）

评价表		
劳动精神	积极肯干、吃苦耐劳	15
	脚踏实地，诚实劳动	10
总分		100

六、榜样激励

桑基鱼塘——传承劳动人民智慧　延续千年农业文化

桑基鱼塘是长三角和珠三角一种独具地方特色的农业生产形式，因其生产上形成良性的循环而闻名国内外。

长江三角洲与珠江三角洲由冲积而成，地处北回归线以南，全年气候温和，雨量充沛，日照时间长，土壤肥沃，是盛产蚕桑、塘鱼、甘蔗的重要基地。当地人民根据地区特点，因地制宜，把低洼的土地挖深为塘，饲养淡水鱼；将泥土堆砌在鱼塘四周成塘基，可减轻水患，这种塘基的修筑可谓一举两得。久而久之，“塘基上种桑、桑叶喂蚕、蚕沙养鱼、鱼粪肥塘、塘泥壅桑”的桑基鱼塘生态模式延续了下来，构成了桑、蚕、鱼三者之间密切的关系。

基塘农业在岭南最早起源于汉唐时代，曾在明清等时期迎来数次发展高峰，改革开放后，在珠三角工业化大发展中，基塘农业曾大面积消失。历经近千年的发展与变迁，如今的桑基鱼塘重现生机与活力。近几年，桑基鱼塘又重回珠三角。如今，在佛山西樵山下的基塘农业保护区，不仅有1万多亩桑基鱼塘，还辐射带动周边20万亩基塘农业。2019年，广东佛山基塘农业系统入选第五批中国重要农业文化遗产。“塘下鱼儿肥，塘上桑林绿”是走在西樵山南麓的桑基鱼塘池埂上最美的景象，重现珠三角的桑基鱼塘不仅是社会经济发展的侧影，也是我国乡村振兴、农业现代化升级转型的镜像。

这种特别的农业系统传承了千年的劳动智慧。尽管三角洲地势低洼，常闹洪涝灾害，严重威胁着人民的生活和生产活动，但当地劳动人民们坚韧不拔、勤劳坚韧，化劣势为优势，面对困难迎难而上，勇敢地去开拓属于自己的美好未来！

七、意识提升与激励

农耕技术从根本上讲，无论怎样变化，都一定要尊重自然规律，符合自然动物、植物的特性。违反自然法则，自然规律的做法，即便在短时间看似有效，但所造成的长久的危害，是难以估量的，且是必须要偿还的。比如，我们曾经用过的那些很有效的农药，它们对自然，对土壤的破坏，需要上百年时间才能恢复。在自然面前，人类不能任性而为。

拓展延伸、知识链接

不同作物的生长周期是不一样的，请结合作物记录表，进一步探究所种作物的特性与生长规律，以便在换茬时期更好地维护已种植作物，不要因为换茬而影响现有作物生长。同时，换茬新种植作物的高度选择要合理，照顾到周围植物的采光情况。

课外劳动实践任务

完成学习手册

附 录 二

中小学劳动教育

——农耕实践基地建设指导（试行）

农耕实践基地是中小学生实施农业生产劳动教育的实践场所，有计划地组织安排中小学生进行劳动教育实践课程。在农耕实践基地中，学生学习系统的农耕劳动课程，学会认识并使用农耕工具、掌握种植与养殖技术、参与农作物的生长的全过程的农耕劳动；使学生在参与农耕劳动的过程中出力流汗，得到锻炼，磨炼意志，树立正确的劳动价值观，养成良好的劳动品质。一般农耕实践基地要配备负责安全和应急管理的工作人员，以及农耕实践指导教师，即研发农耕实践相关课程，在农耕实践中组织、指导和评价中小学学生的专业人员。

一、建设原则

农耕实践教育基地应具备合法的经营主体，并在依法合规的基础上进行建设与运营，应在提供服务的过程中，体现以下原则：

（一）教育性原则

坚持育人为本。把握正确的育人方向，帮助学生树立勤俭、奋斗、创新、奉献的劳动观念和劳动精神，养成热爱劳动、崇尚劳动、尊重劳动者的劳动品质，培养满足生存生活发展需要的基本劳动能力，使学生在实践、体验中提升实践能力和创造能力。

（二）实践性原则

具有显著的实践性，必须面向真实的生活世界和职业世界，引导学生以动手实践为主要方式，在认识世界的基础上，获得有积极意义的价值体验，学会建设世界，塑造自己，实现以劳树德、增智、强体、育美的目的。

（三）适应性原则

结合基地在自然条件、农业种养殖、加工生产等方面条件，充分挖掘基地自身可利用资源，采取多种方式开展劳动教育实践基地建设，避免“一刀切”。

（四）开放性原则

建立健全开放共享机制，基地之间发挥优势互补，实现资源共享，促进形成大中小学劳动教育一体化教育体系。

（五）安全性原则

把劳动安全教育与管理作为组织实施的必要内容，强化劳动安全意识，建立健全安全教育与管理并重的劳动安全保障体系。要依据学生身心发育情况，适度安排劳动强度、时长，切实关注劳动任务及场所设施的适宜性。科学评估劳动实践活动的安全风险，认真排查、清除学生劳动实践中的各种隐患。在场所设施选择、材料选用、工具设备和防护用品使用、活动流程等方面，制定安全、科学的操作规范，强化劳动过程中每个岗位的管理，明确各方责任，防患于未然。制定劳动实践活动风险防控预案，完善应急与事故处理机制。要特别关注劳动过程中的卫生隐患，按照疾控、卫生健康部门及行业有关规定，采取相应措施，切实保护学生的身心健康。建议学生购买劳动教育相关保险。

（六）公益性原则

开展劳动实践教育活动，不得以营利为目的，严禁以劳动实践教育名义乱收费。对贫困家庭学生实行费用减免。

二、基地建设

（一）建设目标

1.满足不同学段的学生需要

按照2020年7月教育部发布的《大中小学劳动教育指导纲要（试行）纲要》的要求劳动教育各学段学生的培养目标不同，所有实践基地要将实践项目按照课程标准进行设计，并体现不同学段学习内容不同，包括：

(1) 小学生以初步体验种植、养殖、手工制作等简单的生产劳动为主，初步学会与他人合作劳动，初步养成热爱劳动、热爱生活的态度。

(2) 初中学生适当体验包括金工、木工、电工、陶艺、布艺等项目在内的劳动及传统工艺制作过程，尝试家用器具、家具、电器的简单修理，参与种植、养殖等生产活动，学习相关技术，获得初步的职业体验，形成初步的生涯规划意识。

(3) 高中学生从工业、农业、现代服务业以及中华优秀传统文化特色项目中，选择1～2项生产劳动，经历完整的实践过程，养成吃苦耐劳、精益求精的品质，增强生涯规划的意识和能力。

2.体现新时代劳动精神

准确把握新时代劳动工具、劳动技术、劳动形态的新变化，创新劳动教育内容、途径、方式，增强劳动教育的时代性。重视新知识、新技术、新工艺、新方法的运用，提高在生产实践中发现问题和创造性解决问题的能力。在基地建设中加入多媒体、VR虚拟现实、人工智能、无人机植保、新型农机、生态农业具等新工艺、新产品和新理念，不断丰富教育载体，拓展实践教学内容，提升劳动教育的效果和水平。

（二）基本功能

1.服务学生劳动实践活动

实践基地应具有满足学生参加生产劳动的身心体验、技能训练、知识增长、价值观培养等基本功能。在生产劳动实践课程体系设置上，要让学生切身体验工农业生产创造物质财富的过程，认知从简单劳动、原始劳动向复杂劳动、创造性劳动的发展过程，学会使用工具，掌握相关技术，感受劳动伟大，体会劳动艰辛。

2.服务学生全面发展

充分发挥基地育人功能，将形成劳动意识、养成劳动观念作为基地建设核心目标，科学规划、精心设计劳动实践课程内容，开展形式多样、丰富多彩的劳动实践活动，引领学生树立崇尚劳动、热爱劳动、投身劳动、用劳动奉献社会的理想，促进学生形成正确的世界观、人生观和价值观，让学生在获得新知识的基础上增强心智，提升对自我、生活、社会、未来和生命的认知高度，并反哺其他学科的课程学习。要发挥基地平台信息传播功能，及时传播新时代劳动教育新要求、新知识、新技能、新工艺等，积极为开展新时代劳动教育提供保障支撑。

3.服务学生职业体验

实践基地建设要根据自身优势，特别是职业院校、普通高等学校实践基地，要依托自身专业特色鲜明、操作性强、设施设备齐全、场地资源丰富等优势，设置各具特色的职业体验项目、创新创业项目，开展职业启蒙和创新创业教育。挖掘劳动模范、技能工匠、优秀校友等先进事迹，通过邀请他们到基地现场授课、指导学生劳动实践等方式，发挥典型的榜样激励作用。

（三）科学选址

农耕实践教育基地的选址应在符合国家和地方对自然环境、文化、历史和资源保护等方面的要求的前提下，满足开展农耕实践活动所需要的必要条件，选择应基于对以下方面因素的考虑：

各类污染源的潜在影响；

交通的安全与便利性、可达性；

实现紧急救援或及时应对突发事件的可行性；

水、电、通讯、卫生间、停车场等基础设施；

室内和室外可以容纳的教育学场所的最大接待容量；

可依托的自然、农业生产、加工等资源；

所在地周边的社会人文环境。

（四）资源配置

1.基础设施

农耕实践基地应确定、提供并维护满足劳动实践所需的基础设施。所涉及的基础设施及其基本要求包括并不仅限于以下方面：

（1）公众聚集场所消防安全符合要求；醒目放置消防器材，并定期检验、维修，保持完好有效；设有专门的安全应急通道，所有建筑物内外均应设消防安全栓。消防安全标志的设置应符合《消防安全标志设置要求》（GB 15630—1995）和《消防安全标志》（GB 13495.1—2015）的要求。在林区的营地应配置防雷设施、防火林道。

（2）建有全天候、无死角的监控系统。

（3）农耕实践基地区内标识设置符合《安全标志及其使用导则》（GB 2894—2008）和《公共信息图形符号》（GB/T 10001.1—2012）所规定的要求，主要入口处、交叉路口主要景观景点以及服务场所应当设置指示标志和导览标志，突出安全警示标志，危险地带设安全防护设施。

（4）农耕实践教学使用的步道、路面及相关设施设备应符合相关设计规范并定期检查维护，确保状态良好。卫生间具备坡道、安全扶手等基本的无障碍设施。

（5）基地内水、电、通讯、无线网络应配套齐全、运行正常。

（6）配备农耕实践教学辅助设施基础设施配套齐全、布局科学合理，相关的教学仪器、劳动工具、设施设备性能完好，实践活动场所仪器设备按国家或行业有关标准，规范安装、布置，设备、器材布置安全、科学、规范、合理。

（7）应具备基本的医疗保障条件，配备有数量适宜的专职医护人员。

（8）室内外活动场所。

①露天农耕实践田，要求场地平整，灌溉设施齐全、排水良好，无尖石碎物

等危险物体，确保学生活动的安全性，特殊设备需具备主管单位的检测验收报。

②室内活动教室。应满足学生开展室内活动的需要，劳动教具配套齐全，布置安全、科学、规范、合理。

（9）应具备符合公共卫生间，符合GB/T 18973—2016旅游厕所质量等级划分和评定的要求。

（10）基地要有一定农耕实践场地规模，至少能同时容纳300名学生进行农耕实践活动，全年接待能力不少于200天。

2.功能布局

农耕实践基地应布局和动线合理，设置专门的室内或室外农耕实践场所和功能区，设置应考虑到中小学生动手实践方面的需求，方便学生参与体验和集散。包括但不限于以下功能区：

（1）停车场，满足同时容纳至少8辆大巴且可以掉头的场地。

（2）集散广场，满足同时容纳至少500个学生同时集合讲话的场地，并配有主席台、背景板和音响设备。

（3）露天种植实践区，需要满足单次活动的农田，同时容纳至少300个学生同时进行农耕体验的场地，约人均10平方米左右，约5亩。需要满足开展长期农耕实践活动的农田约30亩。上课以班级为单位，每个班级全年进行农耕实践的面积约330平方米，每个班级分为8个小组，每个小组把小组实验田分6个地块种植，种植不同的作物。下图为示意图：

每个班的地块示意图

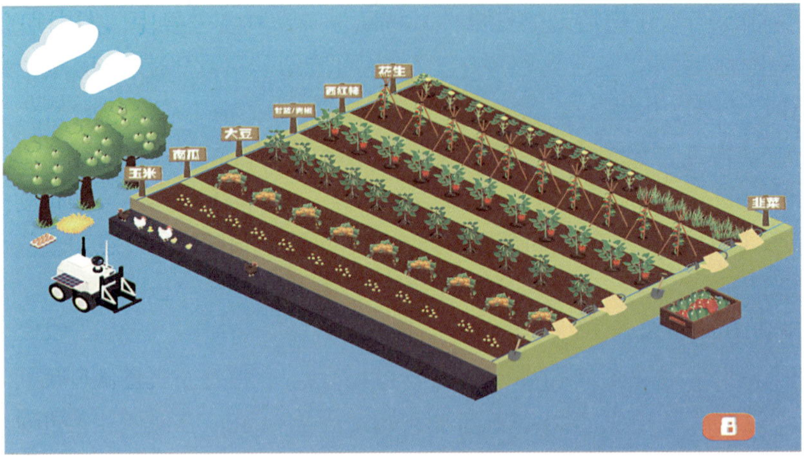

每个组的地块示意图

（4）温室种植实践区：智能温室和春秋棚温室，至少满足300个学生同时进行活动，用于冬季进行农耕实践操作以及育苗等课程。

（5）果树或苗木实践区：数量品种不限，用于进行果树管理或苗木扦插等方面的农耕实践课程。

（6）养殖实践区：数量品种不限，用于学生养殖课程的实践场所，保障防疫卫生与安全。

（7）室内教室区：至少满足200个学生同时进行活动，用于学生进行室内实验、手工制作、金工、木工、泥工、纸工、农技、食育课程等操作体验的区域。

（8）智能农业展示区：包括无人机植保、现代农业机械、物联网设备、水肥一体化设备、无土栽培、立体种植、鱼菜共生等展示操作体验的区域。

（9）农耕文化展示区：包括中国传统农耕文化的历史、中国农业技术的发展史、农业技术非物质文化遗产等，如基地内有自己的产业可以增设特色农业产业科普展示厅。

（10）农具房：存放和取走农具的房间。

（11）堆肥箱及垃圾处理区：展示及科普堆肥及垃圾分类处理的过程和作用，观察废弃物发酵过程，实践堆肥和垃圾分类处理的场所。

3.配备材料及工具

农耕实践基地要准备满足至少同时250个学生开展课程的农耕工具，同时采购一些基础的设备以及肥料、种苗等，本文把配备材料集工具分为农耕工具、中耕管理物料、种子种苗、实验制作材料等类别，具体列表见附件一。

三、基地课程

（一）课程设计的总体目标

准确把握社会主义建设者和接班人的劳动精神面貌、劳动价值取向和劳动技能水平的培养要求，全面提高学生劳动素养，使学生：

树立正确的劳动观念。正确理解劳动是人类发展和社会进步的根本力量，认识劳动创造人、劳动创造价值、创造财富、创造美好生活的道理，尊重劳动，尊重普通劳动者，牢固树立劳动最光荣、劳动最崇高、劳动最伟大、劳动最美丽的思想观念。

具有必备的劳动能力。掌握基本的劳动知识和技能，正确使用常见劳动工具，增强体力、智力和创造力，具备完成一定劳动任务所需要的设计、操作能力及团队合作能力。

培育积极的劳动精神。领会“幸福是奋斗出来的”内涵与意义，继承中华民族勤俭节约、敬业奉献的优良传统，弘扬开拓创新、砥砺奋进的时代精神。

养成良好的劳动习惯和品质。能够自觉自愿、认真负责、安全规范、坚持不懈地参与劳动，形成诚实守信、吃苦耐劳的品质。珍惜劳动成果，养成良好的消费习惯，杜绝浪费。

（二）课程设计的关键环节

要注重围绕劳动教育的目标和内容要求，从提高劳动教育的效果出发，把握劳动教育任务的特点，抓住关键环节，选择适宜的劳动教育方式。

1.讲解说明

围绕劳动为什么、是什么问题，有重点地进行讲解，让学生懂得劳动的意义和价值。加强劳动观念、劳动纪律、劳动相关法律法规的正面引导，指明轻视劳动特别是轻视普通劳动的危害，让学生明辨是非。加强劳动知识技能的讲解，让学生认清事理，掌握实践操作的基本原理、程序、规则，正确使用工具的方法和技术。讲解要与启发思考、示范、练习等结合起来。

2.淬炼操作

围绕如何做的问题，注重示范与练习，让学生会劳动。强化规范意识，注重从最基本的程序学起，严守规则，避免主观随意。强化质量意识，注重引导学生关注细节，每个步骤、环节都要精准到位。强化专注品质，注重引导学生对操作行为的评估与监控，做到眼到手到心到，有始有终。

3.项目实践

围绕劳动能力的培养，让学生完成真实、综合任务，经历完整劳动过程。

注重劳动价值体认，引导学生从现实生活中发现需求，选择和确定劳动项目。强化规划设计意识，充分发挥学生的主动性、积极性、创造性，引导学生对项目实践进行整体构思，综合运用所学知识、技术，不断优化行动方案。强化身体力行，锤炼意志品质，敢于在困难与挑战中完成行动任务。

4.反思交流

围绕劳动价值意义的建构，引导学生总结、交流，促进学生形成反思交流习惯。指导学生思考劳动过程和结果与社会进步、个体成长的关联，避免停留在简单的苦乐体验上。组织学生交流分享劳动的体验和收获，肯定具有积极意义的认识，纠正观念上的偏差。将反思交流与改进结合起来，使学生在劳动中获得成长。

5.榜样激励

围绕劳动的精神追求，树立典型，激发劳动热情。注意遴选、树立多类型榜样，不仅要有大国工匠、劳动模范，还要有身边劳动表现优异的普通劳动者和同学。指导学生从榜样的具体事迹中领悟他们的高尚精神和优良品质。明确要求学生在日常劳动实践中努力向榜样看齐。

（三）适用于全年的农耕实践系列课程的研发

针对小学、初中学生的全年农耕实践课程，给学生创造劳动体验的机会，学生在这个过程中不但能够掌握劳动知识和劳动技能，更重要的是在精神层面得到提升，通过每次活动的总结分享、榜样学习等环节，树立正确的劳动观念，养成规范的劳动习惯，发扬吃苦耐劳的劳动精神。

1.课程设计思路

（1）以田园劳作为主。农事是依据四季的变化和时节来开展的，每个学生可以体验几种不同农作物的种植，以农作物的种植节点设计课程主要内容。紧扣劳动教育的教学目标，学生亲身参与全过程，出力流汗、磨炼意志。

（2）分小组教学、培养团队协作及沟通能力。通过小组里的分工和讨论，锻炼学生的沟通、表达能力及团队协作能力。通过组织小组PK赛，提升小组荣誉感和团队凝聚力。

（3）与二十四节气相结合。学生在每次活动中观察种植作物，记录气候、日影、环境等变化，在学习传统的同时，对比二十四节气中古人的记录是否适应于今时的物候变化，培养学生的批判性思维，最终形成完整的北京当地的二十四节气与农耕记录手册。

（4）结合职业体验，融入成本概念。在学习农耕的过程中，融入成本的概念。计算人工、投入成本，计算收成、利润。引发思考“如何得到更高的产出比？经济效益最大化是不是最好呢？”使学生明白劳动成果的来之不易，提升尊重劳动、珍惜成果的意识。

（5）重视反思交流环节。每次活动中运用劳动主线设置导入环节和总结环节，运用任务单使学生进行持续的劳动记录，并通过课后的延伸环节，给学生充裕的时间进行反思交流，肯定具有积极意义的认识，纠正观念上的偏差。指导学生思考劳动的过程、结果与社会的进步、个体的成长之间的关联，避免停留在简单的苦乐体验上。

2.课程实施安排

课程实施以班级为单位，每个班级按全年划分两个学期实施，上学期9—12月，下学期3—6月；每月进行2次农耕实践，实践用地的面积约330平方米；每个班级分为8个小组，每个小组的实验田分6个地块，种植不同的作物，作物收获后安排下一茬口的种植作物，全年接触至少10种以上不同作物的种植方式，从而获取更多的农耕劳动技能和经验，如翻耕、施肥、播种、浇水、除虫、除草、搭架、搭拱棚、掐尖、间苗、整枝、收获、食育等。在课程设计的过程中加入新型农机具的使用和现代农业技术的实操内容，及新的农耕理念，如朴门永续生态农业种植的理念。具体课程安排表见附件二，参考课程设计案例见附件三，学习手册案例见附件四。

作物一览表

地块	3下	4上	4下	5上	5下	6上	6下	7上	7下	8上	8下	9上
A	洋葱、亚麻	亚麻、羽衣甘蓝	马铃薯、玉米	玉米	板蓝	板蓝、油菜（过冬）	油菜（收种子）	红小豆	甘蔗	甘蔗、香葱	大葱	大葱、苋菜
B	黍子、西蓝花	西蓝花	南瓜	南瓜	山药	山药	西瓜	红萝卜	瓠瓜	瓠瓜、茼蒿菜	荞麦	羽衣甘监
C	油菜（吃叶）、向日葵	向日葵、芫荽	大豆、白菜	白菜	茴香、稻	稻	芫荽、薏米	薏米	高粱、油麦菜	高粱、油麦菜	蚕豆	生菜、荠菜
D	葫芦	葫芦	青椒	圆甘蓝	菠菜、芝麻	芝麻、蒲公英	西葫芦	西葫芦、甜菜	黄花菜、空心莲	空心莲	小水萝卜、豇豆	芹菜
E	红薯	红薯、生菜	菠菜、番茄	番茄、赤松茸	赤松茸、莴苣	莴苣、乌塌菜	草莓	草莓	洋姜、菜心	洋姜、菜心	花椰菜	黄瓜
F	茄子	茄子、菠菜	花生	花生、小麦	冬瓜、苦瓜	冬瓜、苦瓜、大麦	豌豆、油葵	油葵、紫甘蓝	豇豆、苤蓝	苤蓝	丝瓜	丝瓜
G	豌豆、老种子玉米	沙窝萝卜	韭菜	韭菜	辣椒	芜菁	姜	姜	甜瓜、扁豆	扁豆	棉花	棉花

课程安排表

	七年级下学期	3月第一次	3月第二次	4月第一次	4月第二次	5月第一次	5月第二次	6月第一次
A	甘蔗	土地清理、翻耕	开沟、施肥	浇水、种子处理、种植覆膜	无	松土、除草、浇水	培土封梗	病虫害管理
B	瓠瓜、茼蒿菜	土地清理、翻耕、施肥	育苗	查看出苗情况	定植、浇水	浇水、培土	中耕、除草	搭架、绑蔓
C	高粱、油麦菜	土地清理、翻耕、施肥	浇水、播种	无	补植、计算出苗率	中耕除草	培土	无
D	黄花菜、空心莲	土地清理、翻耕、施肥	育苗、覆膜	浇水、定植	浇水、除草	无	浇水	中耕、除草、浇水
E	洋姜、菜心	土地清理、翻耕、施肥	种植洋姜	浇水	洋姜间苗	除草、浇水	无	浇水、培土
F	绿豆、苤蓝	土地清理、翻耕、施肥	翻耕、浇水、覆膜	打眼、播种	查看出苗情况、补苗	浇水、施肥	无	病虫防治
G	甜瓜、扁豆	土地清理、翻耕、施肥	播种、覆膜、大小拱棚	查看出苗情况	拆除拱棚	松土、浇水、除草	搭架、田间管理（掐尖）	绑藤蔓、掐尖
		了解要种植作物，学习使用测量工具，进行合理的分配种植	探究种植过程中作物为什么要覆膜	对育苗情况进行出苗进行计算，并分析出苗情况受那些因素影响	无	探讨为什么植物需要植物培土	学习识别蔬菜的病虫害，并认识相应昆虫	掌握物理防虫的原理
	八年级上学期	9月第一次	9月第二次	10月第一次	10月第二次	11月第一次	11月第二次	12月第一次
A	甘蔗	除草浇水、甘蔗剥外皮	甘蔗剥皮	浇水	剥皮	收获	甘蔗储存	榨甘蔗汁腌咸菜苤蓝
B	瓠瓜、茼蒿菜	除草、浇水	采摘瓠瓜	土地平整、施肥、定植茼蒿菜	除草、浇水	采取保暖措施大拱棚覆盖花生秧	采摘茼蒿菜	
C	高粱、油麦菜	采摘晾晒	高粱脱壳、定植油麦菜	中耕除草	浇水	搭建拱棚保暖	采摘	
D	空心莲	空心莲扦插	浇水	查看成活率	除草、浇水	采摘空心莲	无	
E	洋姜、菜心	除草、浇水	采收洋姜	定植菜心	浇水、施肥	搭拱棚保暖	采摘菜心	
F	绿豆、苤蓝	绿豆脱壳、土地清理、翻耕、施肥	定制种植、浇水	培土	除草、浇水、中耕、施肥	无	采摘苤蓝	
G	扁豆	定植扁豆、浇水	搭架、绑藤	缠藤	浇水、施肥	扁豆采摘	无	
		了解藠头，对比与葱蒜有哪些相似之处	了解高粱在生活中的用途，高粱是如何被酿成酒的	讲解黑白膜的作用，为减少污染，我们有什么更好的代替方法	施有机肥，讲解肥料发酵原理	冬季在户外蔬菜最好的保暖方法搭棚讲解中国现代农业保暖技术的发展	探究为什么比较耐寒何小菜比较耐寒	

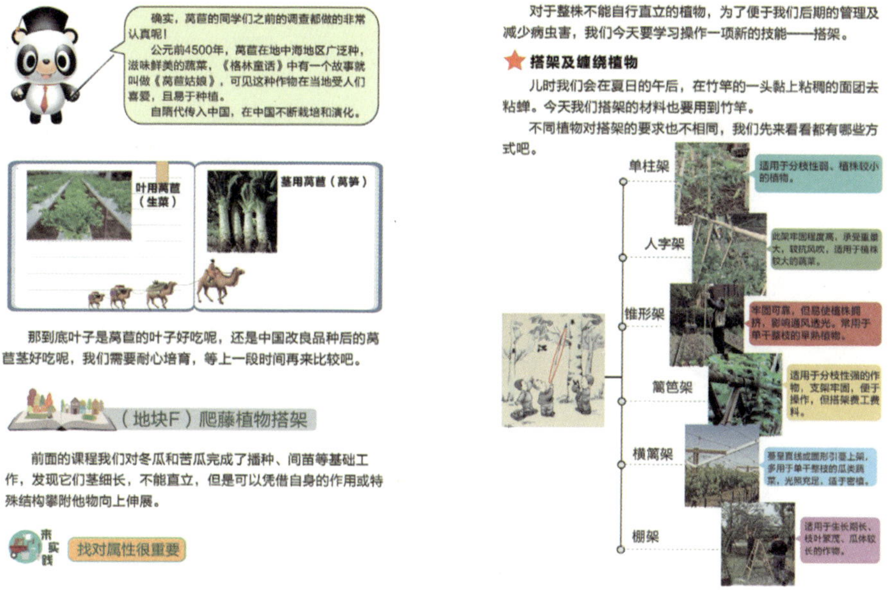

确实，莴苣的同学们之前的调查都做的非常认真呢！

公元前4500年，莴苣在地中海地区广泛种，滋味鲜美的蔬菜，《格林童话》中有一个故事就叫做《莴苣姑娘》，可见这种作物在当地受人们喜爱，且易于种植。

自隋代传入中国，在中国不断栽培和演化。

叶用莴苣（生菜）

茎用莴苣（莴笋）

那到底叶子是莴苣的叶子好吃呢，还是中国改良品种后的莴苣茎好吃呢，我们需要耐心培育，等上一段时间再来比较吧。

（地块F）爬藤植物搭架

前面的课程我们对冬瓜和苦瓜完成了播种、间苗等基础工作，发现它们茎细长，不能直立，但是可以凭借自身的作用或特殊结构攀附他物向上伸展。

来实践　找对属性很重要

对于整株不能自行直立的植物，为了便于我们后期的管理及减少病虫害，我们今天要学习操作一项新的技能——搭架。

搭架及缠绕植物

儿时我们会在夏日的午后，在竹竿的一头黏上粘稠的面团去粘蝉。今天我们搭架的材料也要用到竹竿。

不同植物对搭架的要求也不相同，我们先来看看都有哪些方式吧。

单柱架：适用于分枝性弱、植株较小的植物。

人字架：此架牢固程度高，承受重量大，较抗风吹，适用于植株较大的蔬菜。

锥形架：牢固可靠，但易使植株拥挤，影响通风透光。常用于单干整枝的早熟植物。

篱笆架：适用于分枝性强的作物，支架牢固，便于操作，但搭架费工费料。

横篱架：蔓呈直线或圆形引蔓上架，多用于单干整枝的瓜类蔬菜，光照充足，适于密植。

棚架：适用于生长期长、枝叶繁茂、瓜体较长的作物。

学习手册举例

十字花科

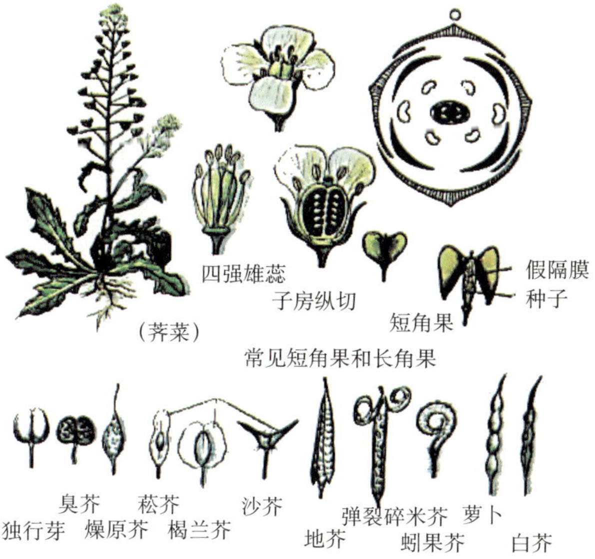

教具设计举例

年	植物类名录
1	蒲公英、中华苦荬菜、紫花地丁、马兰、萝藦、葎草、苘麻、芦苇、香蒲、狗尾草、虎尾草、车前草
2	苍耳、荠菜、薄荷、马齿苋、二月兰、龙葵、茑萝、牵牛花、五叶地锦、菊花、鸭趾草、鸭葱
3	苦苣菜、牛筋草、马塘草、黄花蒿、紫花苜蓿、百日草、紫菀、益母草、茜草、野草莓、翅果菊
4	猪毛菜、节节草、莎草、蒺藜、夏至草、藜、苋菜、小蓟、旋复花、地梢瓜、竹子、附地菜、乳苣
5	泥胡菜、小蓬草、田旋花、洋地黄、婆婆纳、鬼针草、罗布麻、地锦草、地肤、马泡瓜
6	胡枝子、白茅、荻草、凤仙花、紫茉莉、茑萝、臭草、野燕麦、野高粱、野大豆、鹅绒藤

野草识别名录

3.评价机制

健全评价标准，如实记录学生参加的农耕实践活动内容和表现情况，配合学校给予纪实性评价，记入学生劳动教育课程的学习成绩。评价标准见附件四。

学生评价表（举例）

评价维度	评价				
	评分内容	分数	自评	互评	师评
劳动观念	通过间苗定苗与中耕除草劳动，认识到中耕管理的每一步都决定着最终的成果与收获，体会一分耕耘一分收获的道理	15			
劳动能力	了解中耕管理内涵，了解中耕工具及用途	5			
	通过杂草辨识活动，认识部分常见杂草	5			
	了解间苗的原则，掌握萝卜间苗、定苗方法及注意事项	10			
	学会定苗、锄草等田间管理的方法和技巧	10			
劳动习惯与品质	能够在间苗、定苗和中耕管理的过程中，遵守劳动规范、按流程完成工作	10			
	通过间苗、定苗劳动，提升认真、专注的劳动品质	5			
	能在劳动结束后，将工具及材料清洁归位，逐步养成工完场清的劳动习惯	10			
	每次劳动结束认真参与总结、反思，清晰、完整地填写学生手册	5			

（续）

评价维度	评价				
	评分内容	分数	自评	互评	师评
劳动精神	能在间苗、定苗和中耕管理的过程中诚实劳动	10			
	能在除草的劳动过程中不怕脏不怕累、克服困难	5			
	通过了解除草剂对生态环境造成的影响，树立积极探索新方法、新技术，积极进取改变现状的劳动精神	10			
总分		100			

四、管理规范

（一）管理体系

农耕实践基地应为农耕实践服务设置相应的职能部门，明确其职责和权限，并确保相关职能部门明确各自在农耕实践中的职责与作用。

具备健全的管理制度，可包括但不仅限于：

（1）各业务流程相关的制度和规范。

（2）安全管理制度。

（3）基地服务手册和规范。

（4）财务管理制度。

建立监督保障体系和考核制度，定期进行服务质量考核，对外公布监督电话，所有事项接受公众监督。建立与学校、家长的实时沟通平台，如微信群、公众号等，确定专门机构或人员负责农耕实践者满意度监测工作。

（二）人员配置

确定为满足农耕实践要求所需的岗位及其能力要求，确保配备数量充足、能力胜任的人员从事这些岗位的工作，并应采取培训或其他措施，确保相关人员胜任其岗位并保留相关证据。

1.人员配置要求

（1）须至少配置项目负责人1名，若干农耕实践指导教师。

（2）每一次实践活动应配置至少1名负责人，全程跟随项目活动，负责统筹协调农耕实践过程中的各项工作；1名安全员，负责在农耕实践过程中随组开展安全教育和防控工作；农耕实践导师配置比例不低于30 ： 1，并在其他工作人员配合下进行授课。

（3）农耕实践指导教师应具备专业的师资水平和有关经验。

（4）能够长期授课的师资力量。

2.人员服务要求

（1）应有与农耕实践学生数量相匹配的专业人员。

（2）服务人员的个人卫生条件须符合行业相关规定，疫情期间定期进行核酸检测。

（3）应遵守服务时间，坚守岗位，举止文明，热情服务。

（4）应掌握一定的医学知识与灾害应急常识，熟悉基地内的医疗服务点、紧急避险通道等。

（5）应有遇突发情况能够自救和帮助师生进行避险逃离的能力。

（6）应掌握基本的法律常识、宗教信仰和民族习惯等方面的知识。

（7）应进行专业岗位培训，每年参加一次相关专业培训，熟练掌握本岗位业务知识和技能。

五、安全保障

农耕实践基地应该设置安全管理部门，制定农耕实践活动安全预警机制和应急预案，建立科学有效的安全保障体系，建立安全事故上报机制，配备安全管理人员，明确落实安全责任，有常态化安全检查机制和安全培训。

（一）安全教育

1.服务人员安全教育

应制定安全教育和安全培训专项行动计划，定期对参与农耕实践活动的服务人员进行培训。培训内容包括：安全管理、职责与要求、应急处置规范与流程等，帮助其了解有关安全规章制度。

2.学生安全教育

应对参加农耕实践活动的学生进行多种形式的安全教育；应提供安全防控教育知识读本；应召开行前说明会，对学生进行安全教育；应在农耕实践过程中对学生进行安全知识教育，根据行程安排及具体情况及时进行安全提示与警示，强化学生安全防范意识。

3.保险保障

农耕实践基地应结合开展的有关农耕实践课程和接待量合理足额购买基地责任保险、意外保险等保险。

（二）安全管理制度

农耕实践基地应制定相关的安全管理制度以确保农耕实践服务的安全进行，安全管理制度应包括但不限于以下方面：

（1）农耕实践安全管理制度。

（2）农耕实践应急管理制度。

（3）农耕实践安全教育培训制度。

应形成完整的课程安全操作流程，做到活动前有安全辅导、活动中有安全监督、活动后安全疏散。

（三）安全风险管理

在进行农耕实践课程以及相关服务项目的实施时，农耕实践基地应考虑到与安全有关的潜在风险，应定期及不定期系统识别、评估、评价农耕实践服务过程中各环节的相关安全风险，包括农耕实践活动在正常以及异常状态下的各类安全风险。

农耕实践基地应建立安全风险清单，应针对不同的风险采取如下适用措施：

（1）限定最大接待规模。

（2）设置警示标识。

（3）人流分离。

（4）购买场地责任险或青少年户外活动险等。

（5）当发生安全事故后，应按相关规定及时进行处置与上报。

农耕实践基地应定期组织对农耕实践服务过程的各项活动以及所涉及的设备设施、交通工具、教室环境、水、电等方面进行风险隐患排查和风险评估活动，并对排查和评估的结果及采取的措施进行记录和保留。

（四）应急预案与应急响应

农耕实践基地应根据所识别的重大风险及突发情况制订应急预案，包括地震、火灾、疾病、治安事件、设施设备突发故障与项目冲突等情况；应定期组织演练，保留演练的实施记录，并对应急预案的有效性和适宜性进行评审，必要时进行修订；应具备应急预案执行手册和医疗急救手册，配有专人进行管理、善后、总结等工作；应定期开展应急救援演练，使工作人员熟悉急救流程及装备使用，以提高预案在紧急情况下的执行性。

（五）医疗与救助

农耕实践基地应具备适宜的医疗及救助资源，确定周边的医疗及救助资源状况，并与之建立必要的联动机制。若发生学生生病或受伤情况，应及时送往专业医疗机构救治，妥善保管就诊医疗记录。农耕实践基地的安全员应具备相应的急救和送医能力。

（六）外联与协作

农耕实践基地应根据自身情况和农耕实践课程的实施区域，积极与一定范围内的交通、医疗卫生、治安、消防、气象、救援等相关组织建立合作与协作关系，必要时进行报备，以提供农耕实践服务的安全保障。

附　件　一

农耕劳动实践活动物料准备清单

预估说明		按照16个班，每次不超过250人计算，每个班分成8个小组，每组4～5人（周期一年），约10亩地		
序号	类别	名称	数量（个）	单位
1	农耕工具	平锹	40	把
2		尖锹	250	把
3		开沟锄	40	把
4		平耙	40	把
5		锤子	20	个
6		搂耙	40	把
7		锄头	40	把
8		小薅锄	250	把
9		手套	500	双
10		可降解地膜	10	卷
11		竹竿	40	捆
12		小型农耕犁地机	2	台
13		水桶	40	个
14		水盆	40	个
15		水舀子	40	个
16		喷壶	128	个
17		打稻谷的木槌	16	个
18		连枷	40	个

（续）

预估说明		按照16个班，每次不超过250人计算，每个班分成8个小组，每组4～5人（周期一年），约10亩地		
序号	类别	名称	数量（个）	单位
19	农耕工具	背篓	40	个
20		筐	40	个
21		玉米摇粒机	40	台
22		物联网监测设备	4	台
23		多功能手推播种机	4	台
24		小型柴油微耕机	2	台
25		除草机器	2	台
26		小铲子	80	把
27		剪枝剪	250	把
28		卷尺	128	个
29		剪刀	128	把
30		镰刀	80	把
31		小马扎	250	个
32		小推车	10	辆
33		筛子	40	只
34		编织袋	40	个
35		麻绳	40	捆
36		堆肥桶	40	个
37		草帽	250	顶
38		水溶带	100	米
39		诱虫灯	10	台
40	种子或菜苗	紫叶生菜	80	袋
41		小白菜	80	袋

（续）

预估说明		按照16个班，每次不超过250人计算，每个班分成8个小组，每组4～5人（周期一年），约10亩地		
序号	类别	名称	数量（个）	单位
42	种子或菜苗	樱桃萝卜	80	袋
43		茼蒿	80	袋
44		茴香	80	袋
45		芹菜	80	袋
46		香葱	80	袋
47		大蒜	80	袋
48		芫荽	80	袋
49		菠菜	80	袋
50		空心菜	80	袋
51		油麦菜	80	袋
52		苦苣菜	80	袋
53		小油菜	80	袋
54		白萝卜	80	袋
55		胡萝卜	80	袋
56		青萝卜	80	袋
57		大白菜	80	袋
58		菜花苗	800	棵
59		甘蓝苗	800	棵
60		西蓝花苗	800	棵
61		刀豆	40	袋
62		豇豆	40	袋
63		扁豆	40	袋
64		芸豆	40	袋

（续）

预估说明		按照16个班，每次不超过250人计算，每个班分成8个小组，每组4～5人（周期一年），约10亩地		
序号	类别	名称	数量（个）	单位
65	种子或菜苗	蚕豆	40	袋
66		豌豆	40	袋
67		大豆	40	袋
68		韭菜	40	袋
69		番茄	1 200	棵
70		黄瓜	1 200	棵
71		茄子	1 200	棵
72		青椒	1 200	棵
73		辣椒	1 200	棵
74		西葫芦	1 200	棵
75		南瓜	20	袋
76		丝瓜	20	袋
77		葫芦	20	袋
78		瓠瓜	20	袋
79		冬瓜	20	袋
80		棉花	20	斤
81		芝麻	40	斤
82		黍	80	斤
83		高粱	40	斤
84		玉米	40	斤
85		小麦	40	斤
86		花生	40	斤
87		红薯	1 600	棵

（续）

预估说明		按照16个班，每次不超过250人计算，每个班分成8个小组，每组4～5人（周期一年），约10亩地		
序号	类别	名称	数量（个）	单位
88		燕麦	20	斤
89		薏米	20	斤
90	中耕管理材料	有机肥	100	袋
91		生石灰	10	袋
92		稻谷壳	30	袋
93		草木灰	10	袋
94		育苗穴盘	160	个
95		小型盆栽盆	500	个
96		营养土	40	袋
97		厚塑料布	160	米
98		追肥肥料	40	袋
99		生物菌剂	40	袋
100		拱棚支架	100	个
101		粘虫板	160	片
102	安全保障	医药箱	2	个
103	手册及教学物料	打印（实践手册）（250份/次）	250	份
104		条幅	10	个
105		小组牌子	128	个
106		KT版教具制作	20	个
107		植物模型	5	套
108		昆虫标本	5	套
109	实验和制作材料	土壤检测材料	128	套
110		日晷制作材料	500	套

（续）

预估说明		按照16个班，每次不超过250人计算，每个班分成8个小组，每组4～5人（周期一年），约10亩地		
序号	类别	名称	数量（个）	单位
111	实验和制作材料	风向标制作材料	500	套
112		雨量器	128	个
113		土壤温湿度仪	128	个
114		发电实验	500	套
115		植物标本制作	500	套
116		自然笔记	500	套
117		蚯蚓塔	128	套
118		昆虫探秘盒	500	套
119		花朵探究	500	套
120		种子探索实验	500	套
121		种子盒	500	套
122		温湿度计	500	套
123		酵素制作工具	500	套
124		厨余堆肥	500	套
125		喷灌制作工具	128	套
126		显微镜	16	套

附 件 二

农耕实践课程安排表

农耕实践课程安排表									
一年级上学期									
地块	作物	9月第一次	9月第二次	10月第一次	10月第二次	11月第一次	11月第二次	12月第一次	12月第二次
A	菠菜	整理土地、除草	种植菠菜	浇水	浇水间苗	松土浇水	收获菠菜	无	无
B	红菜苔	整理土地、除草	种植红菜苔	浇水	浇水间苗	松土浇水	松土浇水	收获红菜苔	无
C	樱桃萝卜	整理土地、除草	种植樱桃萝卜	浇水	浇水间苗	松土浇水	收获萝卜	无	无
D	冬小麦	整理土地、除草	施底肥	选种	播种	观察出苗情况	间苗补苗	施肥	浇水
E	上海青	整理土地、除草	种植上海青	浇水	浇水间苗	收获上海青	无	无	无
F									
一年级下学期									
地块	作物	3月第一次	3月第二次	4月第一次	4月第二次	5月第一次	5月第二次	6月第一次	6月第二次
A	娃娃菜、大豆	除草、浇水	除草、浇水	娃娃菜花的认识	除草、浇水、除虫	除草、浇水	收获娃娃菜籽	整地平地，点播大豆	除草、浇水
B	花生	清理、翻耕、施底肥	无	打垄	种植花生	浇水	除草、浇水	除草、浇水	除草、浇水
C	香菜、薏米	无	除草、浇水	除草、浇水	除草、浇水	除草、浇水	收获香菜籽	播种薏米	除草、浇水
D	西葫芦	育苗中	育苗中	育苗中	定植西葫芦	除草、浇水	除草、浇水	除草、浇水	除草、浇水
E	草莓	无	整地	定植	除草	浇水	除草	除草、浇水	人工授粉
F	豌豆、油葵	播种	除草、浇水	除草、浇水	除草、浇水	除草、浇水	除草、浇水	收获豌豆	油葵种植

（续）

农耕实践课程安排表

地块	种植作物	9月第一次	9月第二次	10月第一次	10月第二次	11月第一次	11月第二次	12月第一次	12月第二次
二年级上学期									
A	大豆、香葱	除草、浇水	除草、浇水	收获大豆	平地整地种香葱	无	无	收获小白菜、甜菜，也可留下部分过冬。 大豆磨豆浆，做豆腐	透明花盆种植菌菇，了解菌类知识，了解菌类生长条件，观察菌类生长
B	花生、白萝卜	除草、浇水	收获花生，种植白萝卜	除草、浇水	除草、浇水	除草、浇水	收获白萝卜		
C	薏米、小白菜	除草、浇水	收获薏米	种植小白菜	除草、浇水	除草、浇水	除草、浇水		
D	西葫芦、甜菜	甜菜种植	除草、浇水	除草、浇水	除草、浇水	除草、浇水	除草、浇水		
E	草莓	除草、浇水、病虫害防治、分株	收获	收获	无	无	无		
F	油葵、紫甘蓝	除草、浇水	收获油葵	定植紫甘蓝	除草、浇水	除草、浇水	除草、浇水		
二年级下学期									
地块	种植作物	3月第一次	3月第二次	4月第一次	4月第二次	5月第一次	5月第二次	6月第一次	6月第二次
A	香葱、玉米	无	无	除草、浇水	除草、浇水	收获香葱，部分用来扦插	种植玉米	除草	玉米间苗
B	南瓜、芫荽	清理、翻耕、施底	无	种植南瓜	浇水、施肥	搭架、整枝、压蔓	松土、浇水、除草、人工授粉	追肥、修枝	松土、浇水、除草
C	蚕豆、生菜	整地、播种	无	除草、浇水	除草、浇水	拆解认识蚕豆花	培土追肥、剪叶子	除草、浇水，害虫防治	收获蚕豆、拔秧，整地
D	大葱	无	无	无	香葱扦插	除草、培土	除草、培土	除草、培土	除草、培土
E	草莓、花椰菜	育苗中	育苗中	育苗中	花椰菜定植	除草、浇水	涂草、浇水	除草、浇水	除草、浇水
F	丝瓜	育苗中	育苗中	育苗中	定植丝瓜	搭架	绑蔓	吊蔓	施肥、除草、浇水

（续）

农耕实践课程安排表									
三年级上学期									
地块	种植作物	9月第一次	9月第二次	10月第一次	10月第二次	11月第一次	11月第二次	12月第一次	12月第二次
A	玉米、洋葱	除草、除虫、浇水	收获玉米、整地、洋葱种子种植	浇水、除草	浇水、除草	浇水、除草	洋葱定植	摇玉米、磨玉米面，制作玉米糊糊，大地行走，收集自然物作装饰品	老丝瓜瓤子处理，家用厨房防油布的原理与实验。了解霜的形成，冰的形成，了解水的各种状态特征
B	南瓜、香菜	收获	收获，部分留种	香菜种植	浇水、除草	浇水、除草	收获香菜		
C	生菜、油菜	收生菜	整地	油菜种植	浇水、除草	浇水、除草	浇水、除草		
D	大葱、茼蒿	培土浇水	收获大葱，平地、整地种植茼蒿	浇水、除草	浇水、除草	浇水、除草	收获、留一些明年看花		
E	秋黄瓜	授粉追肥	秋黄瓜收获	秋黄瓜收获	收获	拉秧、整地	无		
F	丝瓜	收获部分，其他留种子	无	无	无	无	拉秧、整理土地		
三年级下学期									
地块	种植作物	3月第一次	3月第二次	4月第一次	4月第二次	5月第一次	5月第二次	6月第一次	6月第二次
A	洋葱、亚麻	松土、除草、浇水	松土、除草、浇水	松土、除草、浇水	松土、除草、浇水	松土、除草、浇水	收获洋葱，种植亚麻	松土、除草、浇水	松土、除草、浇水
B	黍子、西蓝花	无	整地平地	种植黍子	除草、浇水	松土、浇水	除草	除草	除草
C	油菜、向日葵	无	除草、施肥	松土、除草、浇水	松土、除草、浇水	松土、除草、浇水	松土、除草、浇水	松土、除草、浇水	收获油菜籽
D	葫芦	育苗	育苗	育苗	整地定植	无	搭架、除草、浇水	绑蔓	绑蔓
E	红薯	育苗	育苗	打垄	定植	松土、除草、浇水	松土、除草、浇水	翻秧子	除草、浇水
F	茄子	育苗	育苗	整地	定植	松土、除草、浇水	搭架及诱引	整枝、病虫害防治	整枝、病虫害防治

（续）

农耕实践课程安排表

四年级上学期									
地块	品种	9月第一次	9月第二次	10月第一次	10月第二次	11月第一次	11月第二次	12月第一次	12月第二次
A	亚麻、羽衣甘蓝	收获亚麻	种植羽衣甘蓝	松土、除草、浇水	松土、除草、浇水	松土、除草、浇水	松土、除草、浇水	收获羽衣甘蓝，甘蓝变色实验，制作酵素和堆肥	弹棉花、纺线、织布，缝沙包，制作纺织小饰品
B	西蓝花	定植西蓝花	追肥及中耕	除虫	除草浇水		采收西蓝花		
C	向日葵	无	除草浇水	收获向日葵	清理向日葵地	打向日葵	无		
D	葫芦	葫芦观察笔记	除草除虫	摘葫芦	摘葫芦	拔秧子、清理架子	无		
E	红薯、菠菜	除草浇水翻秧子	除草浇水翻秧子	除豆浇水翻秧子	挖红薯种菠菜	除草浇水	除草浇水		
F	茄子、菠菜	摘茄子	摘茄子	摘茄子	拔秧子种菠菜	除草浇水	除草浇水		
四年级下学期									
地块	种植作物	3月第一次	3月第二次	4月第一次	4月第二次	5月第一次	5月第二次	6月第一次	6月第二次
A	小水萝卜、土豆	平整土地、分地块	种植小水萝卜	浇水	松土、除草、浇水	收获小水萝卜	整地种植土豆	除草、浇水	除草、浇水
B	豇豆、芹菜	整地、平地	无	直接播种豇豆	松土、除草、浇水	搭架	松土、除草、浇水	松土、除草、浇水	摘豆角
C	小米	无	无	整地播种	松土、除草、浇水	松土、除草、浇水	松土、除草、浇水	松土、除草、浇水	松土、除草、浇水
D	青椒	清理、翻耕、施底肥	覆膜育苗（青椒）	浇水	种植青椒	清除老叶、浇水	除草、浇水、施肥	除草、清除老叶	收获青椒
E	菠菜、番茄、赤松茸	中耕、松土，浇返青水	除草、浇水	除草、浇水	除草、浇水	收获菠菜、整理土地、种植番茄	搭架子、打叉	打叉、疏果、整枝、沾化	除草、浇水
F	菠菜、黑小豆	中耕、松土，浇返青水	除草、浇水	除草、浇水	除草、浇水	收获菠菜	播种黑小豆	除草、浇水	除草、浇水

（续）

农耕实践课程安排表									
五年级上学期									
地块	种植作物	9月第一次	9月第二次	10月第一次	10月第二次	11月第一次	11月第二次	12月第一次	12月第二次
A	马铃薯、板蓝	板蓝种植	除草、浇水	除草、浇水	除草、浇水	除草、浇水	除草、浇水	挖根，移栽盆栽韭菜、用韭菜白菜包饺子、泥塑体验，了解土壤的可塑性	发豆芽
B	芹菜	浇水、施肥	浇水、除草	浇水、施肥	浇水	收获芹菜	无		
C	白菜	整理土地、种植白菜	浇水、除草	浇水、施肥、垄白菜	浇水	收获白菜	冬储大白菜		
D	食用甜菜	甜菜种植	浇水、除草	浇水	浇水	除草、浇水	收获甜菜		
E	番茄、赤松茸	收获番茄、整理土地	准备蘑菇基质	种植赤松茸	喷水	喷水	喷水		
F	黑小豆、冬小麦	收获黑小豆	收获黑小豆	整理土地、种小麦	无	无	浇冻水		
五年级下学期									
地块	种植作物	3月第一次	3月第二次	4月第一次	4月第二次	5月第一次	5月第二次	6月第一次	6月第二次
A	板蓝	无	无	除草、浇水	除草、浇水	除草、浇水	浇水、除草	除草、浇水	除草、浇水
B	山药	育苗	整地挖槽放基质		定植	除草、浇水	搭架、引蔓	施肥、培土	整枝、除草
C	茴香、旱稻	种植茴香、小拱棚覆膜	育苗	放风、除草	除草、浇水	茴香收获	旱稻插秧	除草	除草、浇水
D	菠菜、芝麻	无	除草、浇水	除草、浇水	收获菠菜	整地	整地、播种	除草、浇水	除草、浇水
E	赤松茸、莴苣	浇水	浇水	浇水	采收赤松茸	采收赤松茸	采收赤松茸	翻地浇水等待种植	定植莴苣
F	冬花、苦瓜	育苗	育苗	育苗	定植冬瓜、苦瓜	搭架	除草、浇水、绑蔓	除草、浇水、绑蔓	收获苦瓜

（续）

农耕实践课程安排表									
六年级上学期									
地块	种植作物	9月第一次	9月第二次	10月第一次	10月第二次	11月第一次	11月第二次	12月第一次	12月第二次
A	板蓝、油菜	除草、浇水	除草、浇水	收获板蓝根	翻地、整地、播种油菜	除草、浇水	除草、浇水、准备过冬	收获雪里蕻、乌塌菜、了解植物的抗冻特性	板蓝根发酵的染料扎染
B	山药	除草、浇水	除草、浇水	除草、浇水	除草、浇水	刨山药、平地			
C	旱稻	观察	除草	收获水稻	整地、种植雪里蕻	除草、浇水	除草、浇水		
D	芝麻、蒲公英	收获芝麻	整地、平地、种蒲公英	除草、浇水	除草、浇水	收获蒲公英叶子			
E	莴苣、乌塌菜	除草、浇水	收获莴苣、种植乌塌菜	除草、浇水	除草、浇水	除草、浇水	除草、浇水		
F	冬瓜、苦瓜、大麦	收获管理	收获与管理	冬瓜、苦瓜拔秧	整地、播种大麦	无	浇水（打冻水）		
六年级下学期									
地块	种植作物	3月第一次	3月第二次	4月第一次	4月第二次	5月第一次	5月第二次	6月第一次	6月第二次
A	娃娃菜、大豆	除草、浇水	除草、浇水	娃娃菜花的认识	除草、浇水、除虫	无	收获娃娃菜籽	整地平地、点播大豆	除草、浇水
B	花生	清理、翻耕、施底肥	无	打垄	种植花生	浇水	除草、浇水	除草、浇水	除草、浇水
C	芫荽、薏米	无	除草、浇水	除草、浇水	除草、浇水	除草、浇水	收获香菜籽	播种薏米	除草、浇水
D	西葫芦	育苗中	育苗中	育苗中	定植西葫芦	除草、浇水	除草、浇水	除草、浇水	除草、浇水
E	草莓	无	整地	定植	除草	浇水	除草	除草、浇水	人工授粉
F	豌豆、油葵	播种	除草、浇水	除草、浇水	除草、浇水	除草、浇水	除草、浇水	收获豌豆	油葵种植

（续）

农耕实践课程安排表									
初一上学期									
地块	作物	9月第一次	9月第二次	10月第一次	10月第二次	11月第一次	11月第二次	12月第一次	12月第二次
A	大豆、香葱	除草、浇水	除草、浇水	收获大豆	平地整地种香葱	无	无	收获小白菜、甜菜，也可留下部分过冬。大豆磨豆浆，做豆腐	透明花盆种植蘑菇，了解菌类知识，了解菌类生长条件，观察菌类生长
B	花生、白萝卜	除草、浇水	收获花生，种植白萝卜	除草、浇水	除草、浇水	除草、浇水	收获白萝卜		
C	薏米、小白菜	除草、浇水	收获薏米	种植小白菜	除草、浇水	除草、浇水	除草、浇水		
D	西葫芦、甜菜	甜菜种植	除草、浇水	除草、浇水	除草、浇水	除草、浇水	除草、浇水		
E	草莓	除草、浇水，病虫害防治	收获	收获	无	无	无		
F	油葵、紫甘蓝	除草、浇水	收获油葵	定植紫甘蓝	除草、浇水	除草、浇水	除草、浇水		
初一下学期									
地块	作物	3月第一次	3月第二次	4月第一次	4月第二次	5月第一次	5月第二次	6月第一次	6月第二次
A	甘蔗	土地清理、翻耕	开沟，施肥	浇水、种子处理、种植、覆膜	无	松土、除草浇水	培土封梗	病虫害管理	浇水、除草、培土
B	瓠瓜、茼蒿菜	土地清理、翻耕、施肥	育苗	查看出苗情况	定植，浇水	浇水、培土	中耕、除草	搭架、绑蔓	浇水、梳理藤蔓二次缠绕
C	高粱、油麦菜	土地清理、翻耕、施肥	浇水、播种	无	补植、计算出苗率	中耕除草	培土	无	培土
D	黄花菜、空心菜	土地清理、翻耕、施肥	育苗、覆膜	浇水、定植	浇水、除草	无	浇水	中耕、除草、浇水	采摘晾晒
E	洋姜、菜心	土地清理、翻耕、施肥	种植洋姜	浇水	洋姜间苗	除草、浇水	无	浇水、培土	无
F	绿豆、苤蓝	土地清理、翻耕、施肥	翻耕、浇水、覆膜	打眼、播种	查看出苗情况、补苗	浇水、施肥	无	病虫防治	翻耕、除草

（续）

农耕实践课程安排表

初二上学期

地块	种植作物	9月第一次	9月第二次	10月第一次	10月第二次	11月第一次	11月第二次	12月第一次	12月第二次
A	甘蔗	除草、浇水、甘蔗剥外皮	甘蔗剥皮	浇水	剥皮	收获	甘蔗储存	榨甘蔗汁腌咸菜苤蓝	了解古法制糖
B	瓠瓜、茼蒿菜	除草、浇水	采摘瓠瓜	土地平整、施肥、定植茼蒿菜	除草、浇水	采取保暖措施、大拱棚覆盖花生秧	采摘茼蒿菜		
C	高粱、油麦菜	采摘、晾晒	高粱脱壳、定植油麦菜	中耕除草	浇水	搭建拱棚保暖	采摘		
D	空心莲	空心莲扦插	浇水	查看成活率	除草浇水	采摘空心莲			
E	洋姜、菜心	除草、浇水	采收洋姜	定植菜心	浇水施肥	搭建拱棚保暖	采摘菜心		
F	绿豆、苤蓝	绿豆脱壳、土地清理、翻耕、施肥	定植、种植、浇水	培土	除草浇水中耕施肥	无	采摘苤蓝		

初二下学期

地块	种植作物	3月第一次	3月第二次	4月第一次	4月第二次	5月第一次	5月第二次	6月第一次	6月第二次
A	香葱、玉米	无	无	除草、浇水	除草、浇水	收获香葱、部分用来扦插	种植玉米	除草	玉米间苗
B	南瓜、芫荽	清理、翻耕、施底肥	无	种植、南瓜	浇水、施肥	搭架、整枝、压蔓	松土、浇水、除草、人工授粉	追肥、修枝	松土、浇水、除草
C	蚕豆、生菜	整地、播种	无	除草、浇水	除草、浇水	拆解认识蚕豆花	培土追肥、剪叶子	除草、浇水、害虫防治	收获蚕豆、拔秧、整地
D	大葱	无	无	无	香葱扦插	除草、培土	除草、培土	除草、培土	除草、培土
E	草莓、花椰菜	育苗中	育苗中	育苗中	花椰菜定植	除草、浇水	除草、浇水	除草、浇水	除草、浇水
F	丝瓜	育苗中	育苗中	育苗中	定植丝瓜	搭架	绑蔓	吊蔓	施肥、除草、浇水

参考文献

陈少锋，王景顺，陈艳花，等，2013. 有机蔬菜病虫害发生种类及防治方法 [J]. 种业导刊 (8):20-22.

郭志兴，刘裕岭，2008. 蔬菜病虫害环保节药型综防技术 [J]. 上海蔬菜 (2):68-68.

胡东亚，童孟军，2017. 温室环境监控系统的发展历史及趋势 [J]. 计算机时代 (3):6-9, 13.

穆丹，2017. 论种子贮藏原理及催芽方法 [J]. 农民致富之友 (6):34-34.

孙桂爽，2011. 浅谈德惠大豆高产栽培技术 [J]. 吉林农业C版 (11):124.

汤兆平，2010. 玉米种子晾晒、贮藏方法和防冻措施 [J]. 养殖技术顾问 (10):66.

田健，2008. 直播稻田适用的除草剂 [J]. 农村实用技术 (4):48-49.

王玉堂，2010. 不用药，也能减轻蔬菜病虫害 [J]. 农业知识：致富与农资 (3):20-22.

徐斌，2011. 背负式手动喷雾器常见故障排除及维护保养 [J]. 新农村（黑龙江）(7): 72.

徐璐瑶，2015. 微耕机的安全操作和维护保养技术探讨 [J]. 南方农机 (1):67-68.

姚玉华，2012. 中耕技术及其机械概述 [J]. 农业科技与装备 (11):70-71.

赵瑞萍，赵亮，崔玉祥，等，2017. 温室监控设备在农业生产中的应用 [J]. 农村经济与科技 (20):36-38.

庄伟，2012. 玉米保护性耕作模式下中耕深松施肥的作用与意义 [J]. 北京农业 (8):32.

图书在版编目（CIP）数据

农耕劳动教育实践与创新/左欣，丁云鹏，朱厚颖编著. —北京：中国农业出版社，2022.11
ISBN 978-7-109-29747-0

Ⅰ.①农… Ⅱ.①左…②丁…③朱… Ⅲ.①农业-劳动教育-教案（教育）-中小学 Ⅳ.①G633.932

中国版本图书馆CIP数据核字（2022）第130136号

中国农业出版社出版
地址：北京市朝阳区麦子店街18号楼
邮编：100125
责任编辑：刘昊阳
版式设计：王　晨　　责任校对：吴丽婷
印刷：中农印务有限公司
版次：2022年11月第1版
印次：2022年11月北京第1次印刷
发行：新华书店北京发行所
开本：700mm × 1000mm　1/16
印张：16.5
字数：350千字
定价：68.00元
